스토리텔링
수학동화

우리기획 글 | 송수정 그림

척척 암기 대왕도 수학 앞에서는 쭈뼛쭈뼛!
샬라샬라 영어 박사도 수학만 만나면 우물우물!
다 같은 공부인데 어째서 수학은 더 어렵게 느껴질까?
왜 숫자만 보면 머리가 아프고 가슴이 답답해지는 걸까?
그건 수학을 공부하는 데 필요한 능력이 다른 과목과는 조금
다르기 때문이에요. 기억력이 좋다고 몽땅 외워 버릴 수도 없고,
말을 잘한다고 입으로 풀 수도 없는 게 수학이거든요.
수학 공부에는 생각하는 힘, 즉 사고력이 필요해요.
문제를 수백 번 풀고, 번개보다 빨리 계산을 한다고 해도
왜 그런 답이 나오는지 이해하지 못하면 아무런 소용이 없지요.
《스토리텔링 수학동화》는 이야기 속에 갖가지
수학 원리를 쏙쏙 숨겨 놓았어요.
스토리를 따라가다 보면 자연스럽게 생각하는
힘을 길러 수학의 기본 원리를 깨칠 수 있지요.
이제 어렵고 따분한 수학이 아닌 신 나고
재미있는 수학을 만나 보세요.

차례

여러 가지 모양 뚱보 선장과 꼬마 생쥐 · 6

1부터 10까지의 수 외톨이 숫자 1의 여행 · 18

짝수와 홀수 당나귀 형제의 홍당무 나누기 · 28

길이·높이·넓이의 비교 원시 소년 뚤치와 목 긴 공룡 · 38

분류하여 세기 동물 왕국 체육 대회 · 50

가르기와 모으기 수학 괴물의 숫자 가르기 · 60

더하기와 빼기 아기 공룡 디노의 이빨 뽑기 · 70

10을 가르기와 모으기 꼬마 우주인 꼬미와 우주 해적들 · 80

수 읽기와 크기 비교 꼬꼬와 삐삐의 달걀 자랑 · 92

시각 알아보기 비둘기 구구와 시곗바늘 형제 · 104

덧셈과 뺄셈 공룡 로봇과 장난감 병사 · 116

문제 푸는 방법 찾기 개미 나라 마술 구멍 · 128

무게 재기 곰과 원숭이의 시소 타기 · 140

 수학퀴즈 정답 · 152

여러 가지 모양

뚱보 선장과 꼬마 생쥐

"자, 출발해 볼까!"

뚱보 선장이 씩씩하게 소리쳤습니다.

뚱보 선장은 늘 혼자 배를 타고 다니며 가난한 섬사람들에게 물건을 나누어 주곤 합니다. 그래서 뚱보 선장의 배에는 언제나 여러 가지 물건이 가득 실려 있습니다.

배 안에는 생쥐들도 많이 살고 있습니다. 생쥐들이 뚱보 선장의 배에 어떻게 살게 되었냐 하면요, 어느 날 꼬마 생쥐가 무섭게 생긴 검은 고양이에게

쫓기고 있었습니다.

"찍찍! 생쥐 살려!"

검은 고양이가 뾰족한 이빨로 꼬마 생쥐를 막 물어뜯으려 할 때였습니다. 뚱보 선장이 나타나서 검은 고양이를 발로 뻥 차 버렸습니다.

"이런 나쁜 녀석! 이렇게 어린 생쥐를 잡아 먹으려 하다니!"

"고맙습니다. 이 은혜는 잊지 않을게요."

꼬마 생쥐가 꾸벅 절을 했습니다.

"허허허! 생쥐가 별소리를 다 하는구나!"

뚱보 선장은 큰 소리로 웃었습니다. 그때부터 생쥐들을 동무 삼아 배를 몰고 다니게 된 거랍니다.

신 나게 배를 몰고 섬들을 돌아다니던 어느 날 밤, 뚱보 선장이 끙끙 앓았습니다. 일을 너무 열심히 해서 그만 몸살이 난 것입니다. 뚱보 선장은 밤새 끙끙 앓았고, 아침이 되었는데도 일어나지 못했습니다.

"큰일이군. 섬에 물건들을 나눠 줘야 하는데……."

뚱보 선장은 걱정이 되어 한숨을 푹 쉬었습니다.

잠시 뒤, 배의 창고 안에서 생쥐들이 회의를 열었습니다.

"여러분, 뚱보 선장님이 몹시 아파요. 제 목숨을 구해 준 착한 분인데……. 전 선장님께 은혜를 갚고 싶어요. 여러분이 좀 도와주세요."

꼬마 생쥐가 나서서 말했습니다.

"그럼, 당연히 도와야지."

다른 생쥐들도 모두 돕겠다고 나섰습니다.

생쥐들은 힘을 합해 창고에 있는 물건을 나르기로 했습니다. 하지만 물건들이 아무렇게나 쌓여 있어서 찾기가 쉽지 않았습니다.

"먼저 물건들을 종류별로 질서 있게 정리한 뒤에 나르자."

"그래, 좋아. 그런데 어떻게 줄을 세우지?"

"음, 같은 모양끼리 나란히 줄을 세우자. 동그란 공 모양은 공 모양끼리, 네모난 상자 모양은 상자 모양끼리, 그리고 둥근기둥 모양은 둥근기둥 모양끼리 말이야."

"그래, 그게 좋겠다."

생쥐들은 모두 손뼉을 치며 찬성했습니다.

"상자 모양 물건들은 모두 이쪽으로!"

"공 모양 물건들은 모두 저쪽으로!"

기준을 세우니까 곧 물건들이 같은 모양대로 모이기 시작했습니다.

막내 생쥐가 주사위, 지우개, 책, 텔레비전 같은 상자 모양 물건들을 모으는 곳으로 지구본을 굴려서 가져왔습니다.

"지구본은 상자 모양이 아닌걸!"

꼬마 생쥐가 말했습니다.

"그럼 어디다 갖다 두어야 해?"

막내 생쥐가 꼬마 생쥐에게 물었습니다.

"저기 공 모양 줄로 가져가야지!"

꼬마 생쥐가 손가락으로 공 모양 줄을 가리켰습니다. 공 모양 줄에는 축구공, 야구공, 구슬, 풍선이 모여 있었습니다. 막내 생쥐는 낑낑거리며 지구본을 굴려서 공 모양 줄로 가져갔습니다.

공 모양 줄 옆에는 둥근기둥처럼 생긴 물건들이 줄지어 있었습니다. 깡통, 북, 화장지, 연필꽂이, 드럼통이 모여 있었습니다.

"자, 이제 물건들을 섬으로 옮기자!"

생쥐들이 하나하나 물건들을 나르기 시작했습니다.

생쥐들은 상자 모양 줄, 공 모양 줄, 그리고 둥근 기둥 모양 줄의 물건들을 사이좋게 끌고 갑판으

로 걸어갔습니다. 그런데 갑판에서 생쥐들이 걸음을 뚝 멈췄습니다.

"다리가 너무 좁아. 한꺼번에 가기 어렵겠는걸."

배에서 섬으로 이어진 다리가 너무 좁아서 세 가지 모양의 물건들을 나란히 옮길 수가 없었던 것입니다.

"상자 모양을 먼저 나르자!"

"안 돼! 공 모양을 먼저 나를 거야!"

"둥근기둥 모양을 먼저 날라야 한다니까!"

갑자기 쥐들 사이에 싸움이 벌어졌습니다.

그때 아빠 생쥐가 말했습니다.

"그럼 이렇게 하자. 상자 모양 물건이 하나 지나가면, 그다음에 공 모양, 그다음엔 둥근기둥 모양, 이런 순서로 차례차례 나르는 거야. 어때?"

"좋아요, 좋아!"

모두 아빠 생쥐의 말에 찬성했습니다.

먼저 주사위를 든 생쥐가 지나가고, 다음에는 축구공을 든 생쥐가 지나갔습니다. 그다음엔 깡통이 지나가고, 다음엔 지

우개, 야구공, 북, 냉장고, 풍선, 연필꽂이……. 이렇게 차례차례 모두 다리를 건넜습니다.

해 질 녘이 되어서야 일어난 뚱보 선장은 깜짝 놀랐습니다.

"아니, 너희가 나 대신 일을 다 한 거야? 정말 고맙구나, 생쥐들아."

뚱보 선장이 활짝 웃자 생쥐들도 몹시 기뻤습니다.

동화 속 수학

여러 가지 모양

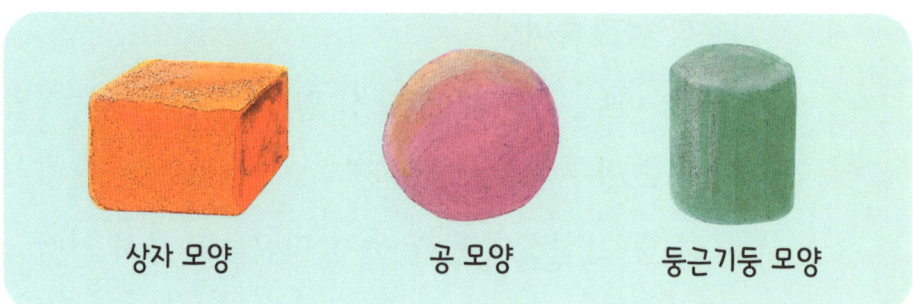

상자 모양   공 모양   둥근기둥 모양

상자 모양에는 네모가 6개 있어요. 위, 아래, 옆, 어느 쪽에서 봐도 네모 모양이죠. 그리고 6개의 네모는 모두 평평해요. 그렇지만 공 모양은 위, 아래, 옆, 어느 쪽에서 봐도 평평하지 않고 둥글어요. 그래서 잘 굴러다니지요.

둥근기둥 모양은 옆에서 보면 네모 모양이고, 위나 아래에서 보면 둥근 모양이에요. 그리고 위, 아래는 평평한데 옆은 둥글게 되어 있답니다. 상자 모양과 공 모양을 합친 모양이 바로 둥근기둥 모양인 셈이지요.

둥근기둥 모양은 상자 모양처럼 똑바로 설 수도 있고, 공 모양처럼 옆으로 데굴데굴 굴러갈 수도 있어요.

변하는 모양에서 규칙 찾기

위의 모양들을 보세요.
상자 모양 ➡ 공 모양 ➡ 둥근기둥 모양 순서로
계속 이어지고 있지요? 이렇게 어떤 모양들이 일정한 순서대로
놓여 있을 때 규칙적으로 되어 있다고 해요.

위의 그림은 규칙적으로 되어 있지 않은 경우예요.
옷의 무늬나 벽지에서도 규칙을 찾을 수 있어요. 규칙을 지켜서
아름답게 꾸민 것이지요.

플러스 상식

동물들도 모양을 구별할 수 있을까?

동물들도 모양을 구별할 수 있는지 여러 가지 실험을 해 보았어요. 물고기는 머리가 나빠서 모양을 구별하지 못해요. 어쩌다가 한 마리가 네모 모양을 기억한다고 해도 색깔을 바꾸거나 모양을 약간 돌려놓으면 찾아내지 못하지요.

다람쥐나 쥐는 물고기보다는 머리가 좋아서 훈련을 열심히 하면 모양을 구별할 수 있어요. 하지만 색깔을 바꾸면 역시 알아보지 못해요.

원숭이는 색깔이나 모양을 약간씩 바꿔도 물건의 모양을 모두 구별할 수 있어요.

돌고래도 모양을 정확하게 기억해서 조련사가 시키는 대로 같은 모양을 물고 오기도 해요. 심지어는 눈을 가려도 모양을 구분해 내지요. 그것은 돌고래가 초음파를 이용해서 사물이 있는 곳이나 물건의 모양을 알아내기 때문이에요.

수학퀴즈

6명의 친구들이 축구공과 농구공을 **1개씩** 가지고 왔어요. 공을 쭉 늘어놓으니 이런 순서가 되었지요.

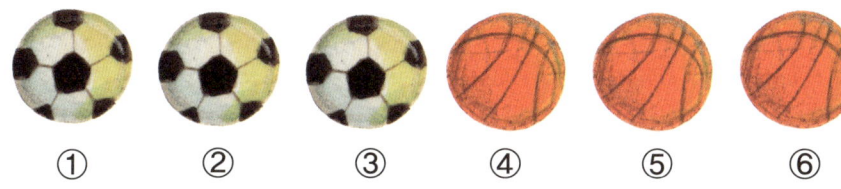

① ② ③ ④ ⑤ ⑥

그런데 똘이가 공 **2개**를 서로 바꾸었더니, 순서가 이렇게 바뀌었어요.

똘이는 몇 번과 몇 번 공을 서로 바꾼 것일까요?

정답은 152쪽에 있어요

1부터 10까지의 수

외톨이 숫자 1의 여행

숫자 1이 있었습니다.

1은 매일 혼자 놀았습니다. 밥도 혼자 먹고 잠도 혼자 잤습니다.

"난 너무 외로워. 친구가 필요해."

1은 친구와 함께 놀고 싶었습니다. 하지만 아무리 찾아봐도 친구가 없었습니다.

어느 날 1은 신발 끈을 꽁꽁 동여매고 집을 나섰습니다.

"친구를 꼭 찾고 말 테야."

길을 떠난 1이 강가를 지날 때였습니다. 어디선가 첨벙첨벙 물장구치며 까르르 웃는 소리가 들려왔습니다.
　　1이 고개를 쭈욱 내밀어 보았습니다. 저기 강물에서 숫자 2가 신 나게 헤엄을 치고 있었습니다. 1은 곧장 달려가 2를 향해서 큰 소리로 말했습니다.
　　"2야, 나하고 친구 하자! 난 너무 외로워."
　　2가 대답했습니다.
　　"어? 1이 반말을 하네? 싫어! 넌 우리보다 작잖아! 우린 2란 말이야. 우리끼리 놀 거야!"

숫자 나라에서는 큰 수가 작은 수보다 형이랍니다.

2는 1이 작은 수라며 놀아 주지 않았습니다. 1은 기가 잔뜩 죽어서 다시 길을 떠났습니다.

1은 잠시 쉬어 가려고 바위에 걸터앉았습니다. 그런데 저쪽에서 숫자 3이 나란히 어깨동무를 하고 걸어왔습니다. 1은 또 쪼르르 달려가서 말했습니다.

"얘들아! 나하고 친구 할래? 난 너무 외롭거든."

3이 말했습니다.

"야, 이 비쩍 마른 녀석아! 우린 너하고 안 놀아!"

3은 말을 마치자마자 훌쩍 가 버렸습니다.

1은 터덜터덜 걸었습니다. 그러다가 아주 예쁜 마을에 도착했습니다. 그 마을에는 숫자 4가 신 나게 공차기를 하고 있었습니다.

"얘들아! 나하고 같이 놀자! 나 공차기 잘해."

1의 말에 4가 대답했습니다.

"우린 둘씩 짝을 맞춰서 공차기를 하고 있어! 네가 끼면 짝이 안 맞아. 그러니까 저리 가!"

1은 공차기를 구경하다가 쓸쓸히 길을 떠났습니다.

"아, 친구 찾기가 정말 힘들구나."

1은 계속 여행을 했습니다. 5도 만나고 6도 만났습니다. 그리고 7도 만나고 8도 만났지만 모두 1을 싫어했습니다.

마지막으로 9의 마을에 도착했지만 9 역시 1을 쳐다보지도 않았습니다.

"후유, 아무래도 난 혼자 살아야 하나 봐."

1은 자꾸 눈물이 났습니다. 그래서 길가에 앉아서 훌쩍훌쩍 울기 시작했습니다. 바로 그때였습니다.

"얘! 너 왜 여기서 혼자 울고 있니?"

깜짝 놀라서 고개를 들어 보니 귀엽게 생긴 동그라미가 서 있었습니다.

"넌 누구니?"

1이 물었습니다.

"난 0(영)이야, 0은 하나도 없다는 뜻이야. 그래서 남들 눈에도 잘 보이지 않아."

"0이라고? 그럼 나보다 작네."

"작은 게 아니라 하나도 없다니까?"
"아무래도 괜찮아. 너, 나하고 친구 하지 않을래?"
ㅣ이 물었습니다. 그러자 ㅇ이 반갑게 말했습니다.
"나도 너처럼 친구를 찾아다녔어. 우리 친구 하자."
ㅣ은 너무나 기뻤습니다.

1과 0이 나란히 앉아 함께 빵을 나누어 먹으며 사이좋게 놀고 있는데, 갑자기 멀리서 숫자들이 우르르 달려왔습니다. 2와 3, 그리고 4부터 9까지 모두 달려왔습니다.

"왜들 저렇게 달려오는 거야?"

1이 물었습니다. 그러자 0이 대답했습니다.

"그거야 당연하지. 우리가 10이니까 인사하려고 오는 거야. 9보다 더 큰 수가 바로 10이잖아."

"아, 그렇구나."

1과 0은 어깨동무를 하고 우하하, 웃었습니다.

동화 속 수학

순서대로 숫자 읽고 세기

숫자에는 이름이 있어요. 1부터 9까지 숫자의 이름을 하나씩 불러 보세요.

1	2	3	4	5	6	7	8	9
↓	↓	↓	↓	↓	↓	↓	↓	↓
일	이	삼	사	오	육	칠	팔	구

숫자로 양을 나타낼 수도 있어요. 아래 수를 한번 세어 볼까요?

1	2	3	4	5	6	7	8	9
↓	↓	↓	↓	↓	↓	↓	↓	↓
하나	둘	셋	넷	다섯	여섯	일곱	여덟	아홉

또 순서도 나타낼 수 있어요. 순서대로 크게 불러 보세요.

1	2	3	4	5	6	7	8	9
↓	↓	↓	↓	↓	↓	↓	↓	↓
첫째	둘째	셋째	넷째	다섯째	여섯째	일곱째	여덟째	아홉째

수의 크기

수의 크기는 다음과 같이 달라져요.
1보다 하나 더 많으면 2가 되고,
2보다 하나 더 많으면 3이 되고,
3보다 하나 더 많으면 4가 되고,
4보다 하나 더 많으면 5가 되고,
5보다 하나 더 많으면 6이 되고,
6보다 하나 더 많으면 7이 되고,
7보다 하나 더 많으면 8이 되고,
8보다 하나 더 많으면 9가 돼요.
그럼 9보다 하나 더 많으면 뭐가 될까요?
네, 10이 된답니다.
또 한 가지! 1보다 하나 적은 수는 무엇일까요?
바로 0이랍니다.

플러스 상식

숫자는 누가, 언제 만들었을까?

0, 1, 2, 3, 4, 5, 6, 7, 8, 9.
이 아라비아 숫자는 언제 어디서 누가
만들었을까요?
모두들 궁금해하지만 이 숫자를 발명한 사람이
누구인지, 언제 만들어졌는지는 아무도 몰라요.
다만 아주 오래전에 **인도**에서 생겨났다는 사실만
전해지고 있지요.
그런데 왜 인도 숫자라고 불리지 않고 **아라비아 숫자**라고
불리게 된 것일까요?

이 숫자는 인도에서 발명되었지만
곧 아라비아로 전해졌어요.
그리고 아라비아에서 다시 유럽으로
넘어갔지요. 유럽 사람들이 아라비아
에서 왔다고 '아라비아 숫자'라고
부르던 것이 그대로 전 세계에
퍼지게 된 것이랍니다.

수학퀴즈

곰 아홉 마리가 네모난 우리 안에 갇혀 있어요.
그런데 곰들이 너무 잘 싸워서 아홉 마리를 갈라놓아야
해요. 아래의 네모 두 개를 이용해 아홉 마리를 모두
떨어뜨려 놓으세요. 단, 네모 크기는 마음대로 해도 돼요.

정답은 152쪽에 있어요

짝수와 홀수

당나귀 형제의 홍당무 나누기

어느 마을에 사이좋은 당나귀 형제가 살았어요. 형제는 무엇이든지 먹을 게 생기면 똑같이 나누어 먹었지요.

형, 우리 밭에 홍당무 캐러 가자.

그래, 좋아!

당나귀 형제는 홍당무를 캐러 밭에 갔어요. 하지만 비가 오는 바람에 홍당무를 하나밖에 캐지 못했어요.

형제는 홍당무 한 개를 반으로 잘라서 나누어 먹었어요.

다음 날 당나귀 형제는 홍당무 두 개를 캤어요. 형제는 홍당무를 하나씩 맛있게 먹었어요.

셋째 날에는 홍당무 세 개를 캤어요. 홍당무를 하나씩 갖고 도 하나가 더 남자, 당나귀 형제는 나머지 한 개를 칼로 잘라서 나누어 먹었어요.

자, 너 하나, 나 하나.
어? 한 개가 남잖아?

나머지 하나는 반으로
나누어 먹어야겠네.

넷째 날에는 홍당무 네 개를 캐서 두 개씩 나누어 먹었어요. 동생은 홍당무를 잘라야 하는 날과 자르지 않아도 되는 날이 있다는 것이 이상했어요.

당나귀 형제는 얼룩말 아저씨를 찾아가 물었어요. 얼룩말 아저씨는 홀수와 짝수에 대해 가르쳐 주었어요.

"수에는 홀수와 짝수라는 게 있단다. 둘로 딱 나누어지는 수가 짝수, 둘로 나눌 수 없는 수가 홀수지. 1, 3, 5, 7, 9가 홀수고, 2, 4, 6, 8, 10이 짝수란다."

이제 형제는 홍당무를 짝수로 캐면 칼로 자르지 않아도 둘이 똑같이 나눠 가질 수 있다는 사실을 알게 되었어요.

동화 속 수학

짝수와 홀수

짝수는 둘로 똑같이 나눌 수 있는 수이고, 홀수는 둘로 똑같이 나누어지지 않는 수예요. 1, 3, 5, 7, 9가 홀수이고, 2, 4, 6, 8, 10이 짝수지요.
짝수는 쌍둥이 숫자라고 생각하면 이해하기가 쉬워요.
그래서 똑같은 두 개의 수로 나눌 수 있지요.

2 ➡ 1과 1 ➡ 1쌍둥이

4 ➡ 2와 2 ➡ 2쌍둥이

6 ➡ 3과 3 ➡ 3쌍둥이

8 ➡ 4와 4 ➡ 4쌍둥이

10 ➡ 5와 5 ➡ 5쌍둥이

홀수는 짝수와 달리 똑같은 두 개의 수로 나누어지지 않아요.

1 ➡ 나누어지지 않아요.

3 ➡ 1과 2

5 ➡ 2와 3

7 ➡ 2와 5 또는 3과 4

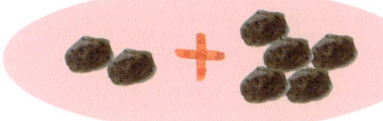   

9 ➡ 1과 8, 2와 7, 3과 6, 4와 5

플러스 상식

숫자의 의미

1, 3, 5, 7, 9는 홀수이고 2, 4, 6, 8, 10은 짝수라는 걸 이제 잘 알겠죠?
그런데 우리 조상들은 옛날부터 2, 4, 6, 8, 10 같은 짝수보다 1, 3, 5, 7, 9 같은 홀수를 더 좋아했어요. 짝수를 음수, 홀수를 양수라고 불렀는데, 짝수인 음수는 어둡고 작고 차갑다고 생각했고, 홀수인 양수는 밝고 크고 따뜻하다고 생각했어요.
그래서 예로부터 전해 내려온 우리 명절은 홀수가 겹치는 날이 많아요. 1월 1일은 설날, 3월 3일은 삼짇날, 5월 5일은 음력으로는 단오, 양력으로는 어린이날, 7월 7일은 견우와 직녀가 만나는 칠석날!
어때요? 전부 홀수 날이지요? 이렇게 숫자에 의미를 두는 건 우리 조상들뿐만이 아니에요. 세계 어디에서나 숫자에 대한 미신이 있어요.

수학퀴즈

원숭이 형제가 과일을 먹으려고 해요.
어떤 과일은 둘이 반으로 똑같이 나누어 먹을 수 있고,
어떤 과일은 똑같이 나누니 꼭 하나가 남아요.
아래의 과일 중 원숭이 형제가 똑같이 반으로 나누어
먹을 수 없는 과일은 어느 것일까요?

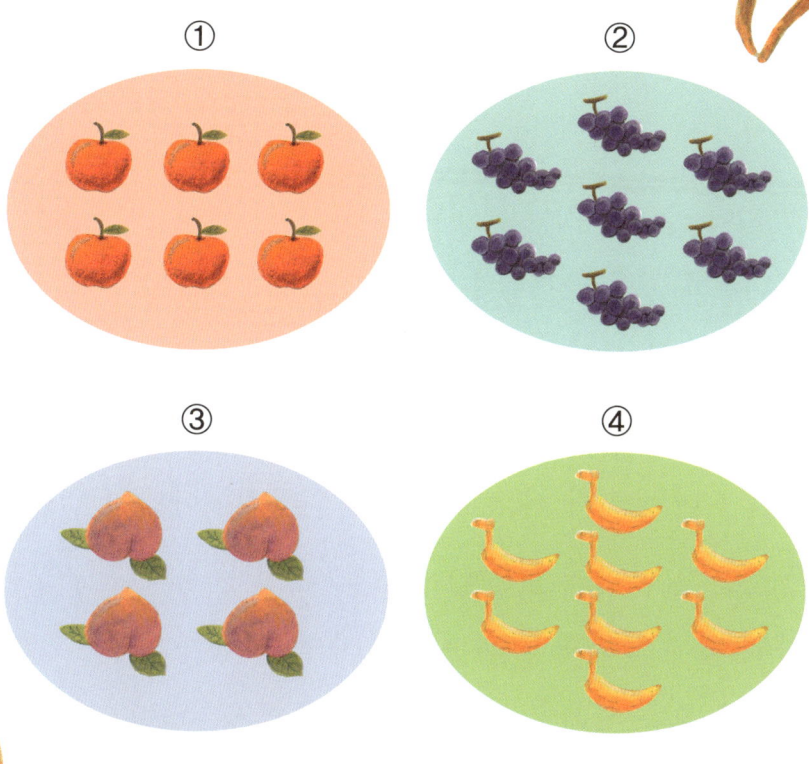

정답은 153쪽에 있어요

길이·높이·넓이의 비교

원시 소년 똘치와
목긴 공룡

"똘치야, 노~올자!"

친구들이 똘치를 불렀습니다.

"치이, 놀이터도 없는데 어디서 논담?"

똘치가 투덜거렸습니다.

원시 소년 똘치가 사는 동네는 바위투성이에다가 위험한 벼랑과 깊은 강물밖에 없었습니다. 그래서 똘치와 친구들은 매일 바위 옆에 앉아서 벌레를 잡으며 놀곤 했습니다.

그런데 오늘 용치가 좋은 소식을 가져왔습니다.

"벼랑 아래로 내려가면 아주 멋진 잔디밭이 있대."
"하지만 벼랑이 너무 높아서 내려갈 수가 없잖아."
뚱뚱한 몽치가 말했습니다.
"튼튼한 밧줄을 만들어서 한 명씩 내려가면 돼."
똑똑한 똘치가 말했습니다.
"좋아. 아무튼 벼랑까지 가 보자!"
똘치와 친구들은 벼랑으로 향했습니다.

벼랑에 도착해 보니 너무 높아서 다리가 후들후들 떨릴 지경이었습니다. 하지만 벼랑 아래에는 푸르고 고운 잔디가 넓게 펼쳐져 있었습니다. 아기 공룡들이 즐겁게 뛰놀고 예쁜 꽃도 피어 있었습니다.

"와! 멋지다! 저기서 놀면 정말 재밌겠다."

아이들이 모두 입을 벌리고 감탄했습니다.

"우리 나무줄기로 밧줄을 만들어서 그걸 타고 내려가자!"

"좋았어!"

똘치와 친구들은 숲 속에서 나무줄기를 많이 모아 와 줄기들을 튼튼하게 엮었습니다.

"내가 먼저 내려가 볼게!"

성미 급한 용치가 밧줄을 타고 벼랑 아래로 내려가기 시작했습니다. 그러다가 중간쯤에서 소리를 질렀습니다.

"큰일 났어! 밧줄이 너무 짧아!"

용치가 밧줄에 대롱대롱 매달려 진땀을 뺐습니다.

"벼랑이 너무 높아서 밧줄도 그만큼 길어야 해!"

똘치가 말했습니다. 똘치와 용치, 몽치는 길게 다시 밧줄을 엮었습니다.

"자, 내려가기 전에 밧줄을 미리 던져 보자! 밧줄이 벼랑 아래 잔디밭까지 닿아야 해."

똘치가 밧줄을 벼랑 아래로 던졌습니다. 다행히 밧줄은 잔디밭에 닿았습니다.

"자, 이제 걱정 없어. 한 사람씩 내려가자."

"누가 먼저 내려가지?"

"키가 제일 큰 사람부터 내려가자!"

똘치와 용치, 몽치는 키를 재었습니다. 셋이 해를 바라보고 나란히 서서 그림자 길이가 제일 긴 사람이 1등인 것으로 하기로 했습니다.

똘치의 그림자가 제일 길고 그다음이 용치, 그리고 몽치가 꼴찌였습니다. 똘치가 먼저 밧줄을 타고 내려갔습니다. 그다음에 용치가 내려가고, 몽치는 맨 나중에 내려갔습니다.

"우하하! 정말 웃기다, 웃겨! 하하하!"

그때 어디선가 웃음소리가 들렸습니다. 돌아보니 목이 아주 긴 공룡 한 마리가 웃고 있었습니다.

"조그만 녀석들이 밧줄을 타고 내려오는 게 꼭 원숭이 같네. 우하하! 웃기다, 웃겨!"
"치이, 놀리지 말라고!"
똘치와 친구들은 기분이 나빴지만 참았습니다.
"와, 드디어 잔디밭에 왔다."
똘치와 친구들이 환호성을 질렀습니다.

"우리 매일 여기 와서 놀자!"

용치, 뭉치가 소리쳤습니다.

"그래, 이제 긴 밧줄이 있으니까 문제없어!"

똘치가 자신만만하게 말했습니다.

똘치와 친구들은 잔디밭에서 뛰고 구르며 신 나게 놀았습니다. 그때였습니다.

"아이고, 아파라! 너무 아파! 엉엉엉!"

숲 속에서 웬 울음소리가 들려왔습니다.

"이게 무슨 소리지? 우리 한번 가 보자."

똘치와 친구들은 숲 속으로 달려갔습니다.

"아까 그 목 긴 공룡이잖아!"

숲 속에서 똘치 일행을 놀린 목 긴 공룡이 울고 있었습니다. 가만히 보니까 기다란 목이 높은 나뭇가지에 끼어 버리는 바람에 꼼짝도 못하고 있었습니다.

"얘들아, 우리가 도와주자!"

똘치가 말했습니다. 똘치와 친구들은 잽싸게 나무를 타고 올라갔습니다. 그리고 돌도끼로 나뭇가지를 뚝딱뚝딱 잘라 냈습니다.

곧 목 긴 공룡의 목이 쏙 빠졌습니다.

"얘들아, 정말 고마워! 난 너희를 놀렸는데 너희는 오히려 날 도와줬구나."

목 긴 공룡이 미안해하며 말했습니다.

"놀린 건 나빴어. 하지만 어려울 땐 서로 도와야지!"

똘치가 어른스럽게 말했습니다.

"이제부터 안 놀릴게. 그리고 여기 오고 싶을 땐 언제든지 말해. 내가 너희를 태워서 잔디밭에 내려 줄게."

"정말? 고마워!"

그날부터 똘치와 친구들은 목 긴 공룡의

목을 타고 벼랑을 오르내릴 수 있게 되었습니다.
 똘치와 친구들은 하루도 빠짐없이 잔디밭에 와서 목 긴 공룡과 신나게 놀았답니다.

동화 속 수학

길이와 높이, 넓이 비교하기

두 물체의 길이를 비교할 때는 **길다**, **짧다**라고 표현해요.
셋 이상의 물체를 비교할 때는 '가장 길다', '가장 짧다'라고
쓰지요.

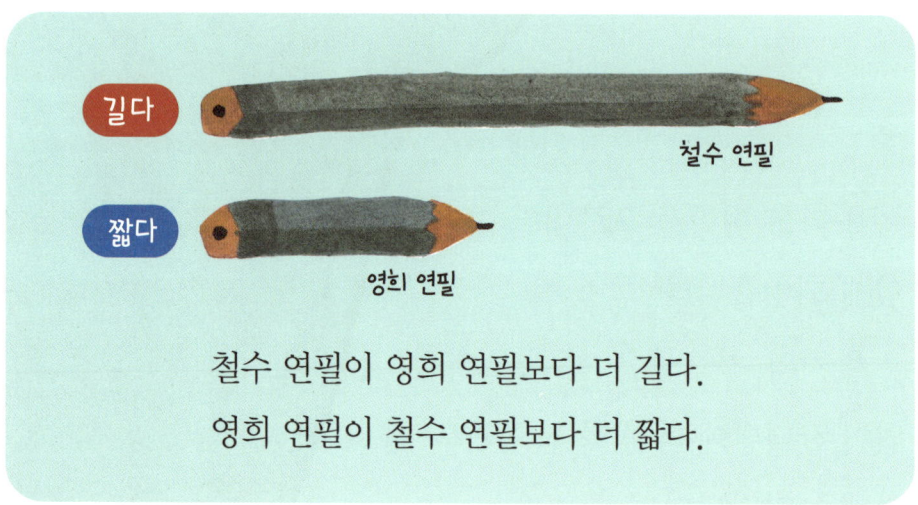

철수 연필이 영희 연필보다 더 길다.
영희 연필이 철수 연필보다 더 짧다.

물체의 높이를 비교할 때는 **높다**, **낮다**라는 말을 써요.
3층 빌딩이 6층 빌딩보다 높을까요, 낮을까요? 그래요,
3층 빌딩이 더 낮아요.

3층 빌딩이 6층 빌딩보다 낮다.
6층 빌딩이 3층 빌딩보다 높다.

낮다 높다

하지만 키를 비교할 때는 높다, 낮다라는 표현을 쓰지 않아요.
이때는 **크다**, **작다**라는 말을 써요.

예솔이가 준이보다 키가 크다.
준이가 예솔이보다 키가 작다.

또 장소나 물체의 넓이를 비교할 때는 **넓다**, **좁다**라고 해요.

교실 바닥이 우리 집 마루보다 훨씬 넓다.
수첩은 스케치북보다 좁다.

학용품 중에서 길고 짧은 것을 찾아 길이를 비교해 보고,
학교 근처에서 높고 낮은 곳, 넓고 좁은 곳을 찾아 비교해 보세요.

플러스 상식

수학적으로 비교하는 말

길이나 높이, 깊이, 넓이, 무게 등을 비교할 때는, 비교하는 물건이나 상황에 맞는 표현을 써야 해요.

길다 : 짧다 ➡ 밧줄이 길다(짧다), 꼬리가 길다(짧다)
높다 : 낮다 ➡ 빌딩이 높다(낮다), 산이 높다(낮다)
깊다 : 얕다 ➡ 구멍이 깊다(얕다), 물이 깊다(얕다)
넓다 : 좁다 ➡ 운동장이 넓다(좁다), 이마가 넓다(좁다)
크다 : 작다 ➡ 키가 크다(작다), 집이 크다(작다)
많다 : 적다 ➡ 물이 많다(적다), 친구가 많다(적다)
두껍다 : 얇다 ➡ 책이 두껍다(얇다), 이불이 두껍다(얇다)
굵다 : 가늘다 ➡ 팔이 굵다(가늘다), 연필이 굵다(가늘다)
멀다 : 가깝다 ➡ 길이 멀다(가깝다), 정류장이 멀다(가깝다)
무겁다 : 가볍다 ➡ 짐이 무겁다(가볍다), 돌이 무겁다(가볍다)

수학퀴즈

달팽이 달돌이와 달순이가 먹이를 찾고 있어요.
달돌이와 달순이 중 누가 더 빨리 먹이를 찾을 수 있을까요?
달돌이와 달순이가 기어가는 속도는 똑같아요. 그렇다면
가는 길이 짧은 달팽이가 먹이를 빨리 찾을 수 있겠지요?
자, 연필을 들고 길을 따라가 보세요.

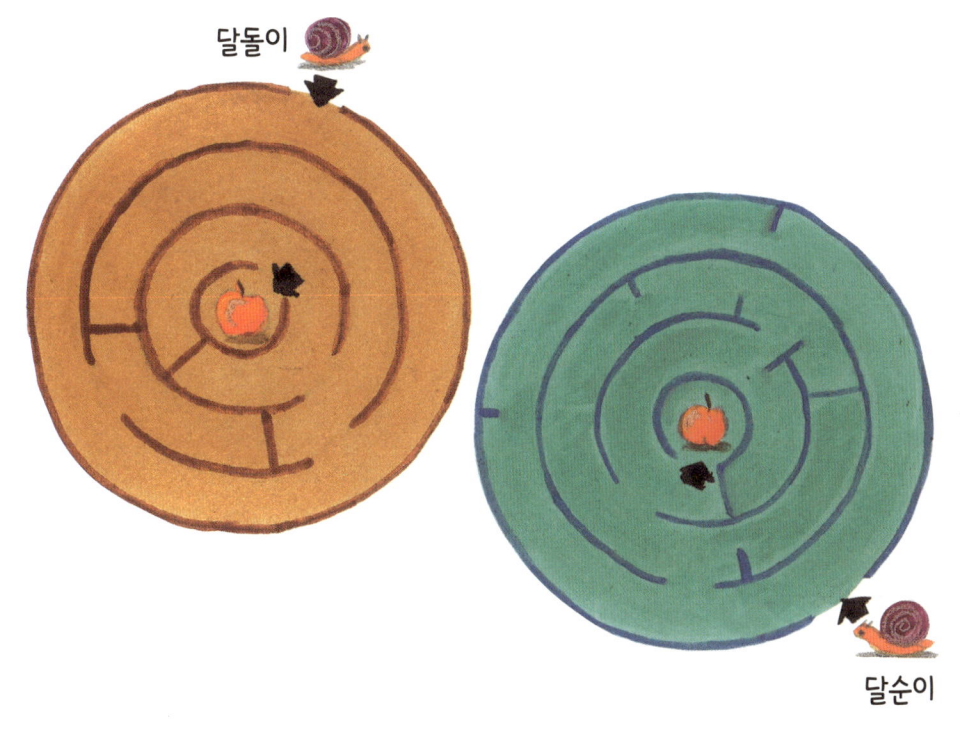

 정답은 153쪽에 있어요

분류하여 세기

동물 왕국 체육 대회

화창한 가을날 아침입니다. 오늘은 동물 왕국에 체육 대회가 열리는 날입니다. 체육 대회는 시원한 바닷가에서 열렸습니다. 여러 동물들이 한데 모였습니다.

"동물들이 너무 복잡하게 섞여 있는걸!"

곰이 얼굴을 찡그리면서 말했습니다.

"제대로 운동 경기를 하기 어렵겠어."

닭도 한마디 했습니다.

"맞아! 이래서야 편을 가르기도 어려울 것 같아. 빨리 경기

하고 싶은데!"

호랑이가 투덜거렸습니다.

"원숭이 할아버지, 무슨 좋은 방법이 없을까요?"

부엉이가 나이 많은 원숭이 할아버지에게 물었습니다.

"음, 이럴 때는 동물들을 알맞게 분류하면 된단다."

똑똑한 원숭이 할아버지가 말했습니다.

"분류가 뭐예요?"

문어가 물었습니다.

"분류란 모양이 비슷하거나 특징이 비슷한 것끼리 따로따로 편을 가르는 거야."

원숭이 할아버지는 동물들 앞에 섰습니다.

"지금부터 모두들 내가 시키는 대로 해라! 알았지?"

동물들이 "예!" 하고 큰 소리로 대답했습니다.

"먼저 네 발 달린 동물들은 오른쪽으로 모여라!"

네 발 달린 동물들이 우르르 오른쪽으로 모였습니다. 네 발 달린 동물은 사자, 호랑이, 곰, 얼룩말, 코끼리, 돼지, 사슴, 거북이었습니다.

"거북은 네 발이긴 하지만 물속에 사는 동물 쪽으로 가는 게 좋겠다."

원숭이 할아버지의 말에 거북은 네 발 달린 동물에서 빠졌습니다.

"자, 다음은 날개 달린 동물들! 가운데로 모여라!"

날개 달린 동물들이 날갯짓을 하면서 가운데로 모여들었습니다. 날개 달린 동물은 독수리, 매, 부엉이, 비둘기, 닭, 타조, 공작새, 집오리였습니다.

"자, 다음은 물속에서 사는 동물들! 왼쪽으로 모여라!"

그러자 물속 동물들이 왼쪽으로 속속 모여들었습니다. 물속에서 사는 동물은 돌고래, 상어, 문어, 오징어, 참치, 거북이었습니다.

원숭이 할아버지가 동물들을 분류하고 나니까 떠들썩하던 동물들이 조용해졌습니다.

"자, 그럼 이번에는 분류된 동물들을 세어 보자. 먼저 네 발

달린 동물은 모두 몇 마리지?"
"모두 일곱 마리예요."
사슴이 대답했습니다.
그때 독수리가 원숭이 할아버지에게 말했습니다.
"닭, 타조, 공작새, 집오리는 날지도 못하는데 우리랑 같이 분류된 건 이상해요."
"음, 그렇구나. 날개는 있지만 날 수가 없지."
원숭이 할아버지가 고개를 끄덕였습니다.
"그럼, 날개 달린 날 수 있는 동물과 날개는 있지만 날지 못하는 동물로 나누어야겠다."
이렇게 닭, 집오리, 타조, 공작새는 따로 분류되었습니다.

"그럼 숫자를 다시 세어 보자. 네 발 달린 동물은 일곱 마리, 날개 달린 날 수 있는 동물은 네 마리, 날개는 있지만 날지 못하는 동물도 네 마리! 물속에서 사는 동물은 여섯 마리로구나!"
원숭이 할아버지는 땀까지 흘리며 숫자를 셌습니다.
"자, 이제 동물 분류가 다 끝났으니 체육 대회를 시작하자!"
원숭이 할아버지가 이마의 땀을 닦으며 말했습니다.
"와와와!"
동물들은 신이 나서 함성을 질렀습니다.

동화 속 수학

분류하기

분류란 여러 종류의 것들이 모여 있을 때, 같은 종류끼리 모아 놓는 것을 말해요.

원숭이 할아버지가 여러 동물들을 '네 발 달린 동물', '날개 달린 날 수 있는 동물', '날개는 있지만 날지 못하는 동물', '물속에 사는 동물'로 따로 모은 것이 바로 분류예요.

이렇게 분류를 할 때는 **기준**이 꼭 필요해요.

그럼 기준이란 무엇일까요? 여기 동물들이 모여 있어요.

이 동물들을 날개가 있나 없나에 따라 분류했다면
'날개가 있다, 없다'가 바로 기준이에요.

그럼 분류는 왜 하는 것일까요? 그건 서로 같은 종류끼리
모아 놓으면 알아보기가 쉽기 때문이에요.
예를 들어 책꽂이에 책들이 복잡하게 꽂혀 있다고 생각해 보세요.
교과서와 만화책, 동화책이 마구 뒤섞여 있다면 원하는 책을
쉽게 찾을 수가 없겠죠?
이럴 때 만화책은 만화책끼리, 동화책은 동화책끼리, 교과서는
교과서끼리 모아 놓으면 좀 더 책을 쉽게 찾을 수 있어요.

플러스 상식

설문 조사란 무엇일까?

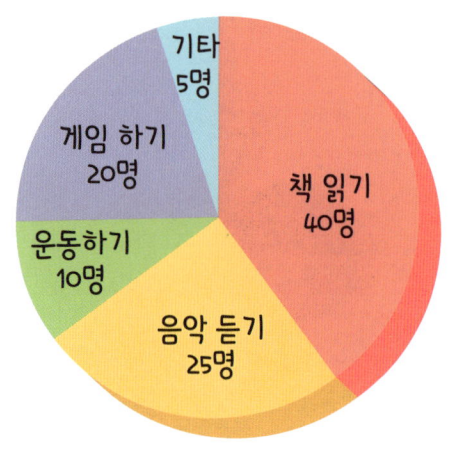

친구들 100명에게 취미가 뭐냐고 물어서 표를 만들었어요. 이 표를 보면 친구들이 어떤 취미를 가졌는지 쉽게 알 수 있어요. 이처럼 어떤 문제에 대해 여러 사람에게 물어보는 걸 **설문 조사**라고 해요.
설문 조사의 결과를 보고 같은 대답을 한 사람끼리 분류해 보면 얼마만큼의 사람들이 비슷한 생각을 하는지 쉽게 알 수 있지요.
만약 반 친구들이 다 같이 어떤 놀이를 해야 할지 잘 모를 때는 설문 조사를 해 보세요.
"축구 할 사람 손들어! 야구 할 사람 손들어!"
이렇게 해서 수를 세어 보면 친구들이 어떤 놀이를 더 많이 하고 싶어하는지 쉽게 알 수 있어요.

수학퀴즈

여러 동물들이 한데 모여 있어요. 그런데 너무 복잡하네요.
그래서 사육사 아저씨가 동물들을 둘로 나누었어요.

사육사 아저씨는 무슨 기준으로 동물들을 분류한 것일까요?
① 땅 위에 사는 동물과 물속에서 사는 동물
② 날 수 있는 동물과 날지 못하는 동물
③ 알을 낳는 동물과 새끼를 낳는 동물
④ 고기를 먹는 동물과 풀을 먹는 동물

정답은 154쪽에 있어요

가르기와 모으기

수학 괴물의
숫자 가르기

수학 나라에 무시무시한 수학 괴물이 살았습니다. 수학 괴물은 뭐든 눈에 띄는 숫자를 붙잡아서 둘로 떼어 놓았습니다.

"난 숫자들이 미워. 숫자들을 다 갈라놓을 거야!"

수학 괴물은 매일매일 숫자 사냥을 했습니다. 오늘은 2가 잡혔습니다. 수학 괴물은 2를 꽁꽁 묶어서 집으로 끌고 왔습니다.

"오늘은 2를 잡아 왔다! 어떻게 가르면 좋을까?"

수학 괴물은 꼬마 괴물들에게 물었습니다.

"2는 1과 1로 갈라놓으면 되죠!"
꼬마 괴물들이 똑같이 대답했습니다.
"옳지! 그게 좋겠다!"
2를 둘로 가르자, 1이 두 개 생겼습니다.

다음 날 수학 괴물은 3을 잡아 왔습니다.
"얘들아, 3은 어떻게 가를까?"
"3은 2하고 1로 가르면 되죠!"
3을 둘로 가르자 2와 1이 생겼습니다.
다음 날은 4가 붙잡혔습니다.
"얘들아, 4는 어떻게 가를까?"
"4는 2와 2로 갈라도 좋고, 1과 3으로 갈라도 좋아요!"
꼬마 괴물들이 소리쳤습니다.
"음, 4는 가르는 방법이 두 가지로구나."
꼬마 괴물들은 4를 가지고 재미있게 놀았습니다.

숫자들이 괴롭힘을 당하는 모습을 보다 못한 수학 여신이 수학 괴물을 불렀습니다.

"수학 괴물아! 넌 왜 매일 숫자들을 갈라놓느냐?"

"원래 저는 5형제의 막내였어요. 그런데 우리 식구가 이사를 갈 때 엄마가 5형제를 4형제로 잘못 세는 바람에 내가 빠지게 된 거예요. 난 뒤뜰에서 놀고 있었는데 엄마는 형들만 데리고 이사를 가 버렸어요. 숫자만 아니었으면 내가 고아가 되지는 않았을 텐데……, 엉엉엉!"

"하지만 그건 숫자들의 잘못이 아니잖니?"

수학 여신이 말했습니다.

"그래도 난 숫자가 미워요."

수학 여신은 수학 괴물이 고집을 피우자 어쩔 수 없이 수학 괴물을 수학 감옥에 가두었습니다. 수학 괴물은 매일 큰 소리로 시끄럽게 울었습니다.

그러던 어느 날 수학 영감

이 수학 여신을 찾아와서 말했습니다.

"수학 여신님! 수학 괴물을 이제 풀어 주세요."

"수학 괴물은 숫자들을 마구 갈라놓는걸요?"

"수학 괴물한테 백성들이 갖다 바치는 과일의 수를 계산하도록 해 보세요. 아주 잘할 거예요."

수학 여신은 고개를 끄덕였습니다.

이렇게 해서 수학 괴물은 감옥에서 풀려났습니다. 그리고 다음 날부터 과일 세는 일을 하게 되었습니다.

수학 나라 백성들은 아침에는 사과 8개를, 점심에는 5개를 바쳤습니다.

"음, 그럼 사과는 모두 13개로군요."

수학 괴물이 금방 계산을 했습니다.

"와, 수학 괴물아, 정말 계산을 잘하는구나. 어떻게 그렇게 빨리 계산할 수가 있지?"

수학 여신이 물었습니다.

"그거야 간단해요. 5는 2와 3으로 가를 수 있거든요. 8하고 2를 먼저 더해서 10을 만든 다음, 나머지 3을 더

하면 13이 돼요!"

"옳아! 수 가르기를 잘하다 보니까 계산도 척척 잘하게 되었구나!"

수학 여신이 수학 괴물을 칭찬했습니다. 이렇게 해서 수학 괴물은 수학 나라에 꼭 필요한 일꾼이 되었답니다. 물론 더 이상 숫자들을 괴롭히지도 않았답니다.

수의 가르기와 모으기

수학 괴물은 수를 참 잘 갈라놓지요. 4를 2와 2로 가르기도 하고, 1과 3으로 가르기도 하니까요. 그런데 반대로 수를 모을 수도 있어요. 2와 2 또는 1과 3을 모으면 4가 되지요. 이렇게 수 가르기와 모으기를 잘하면 덧셈과 뺄셈도 잘할 수 있어요.
2부터 9까지의 수를 어떻게 가르고 모을 수 있는지 알아볼까요?

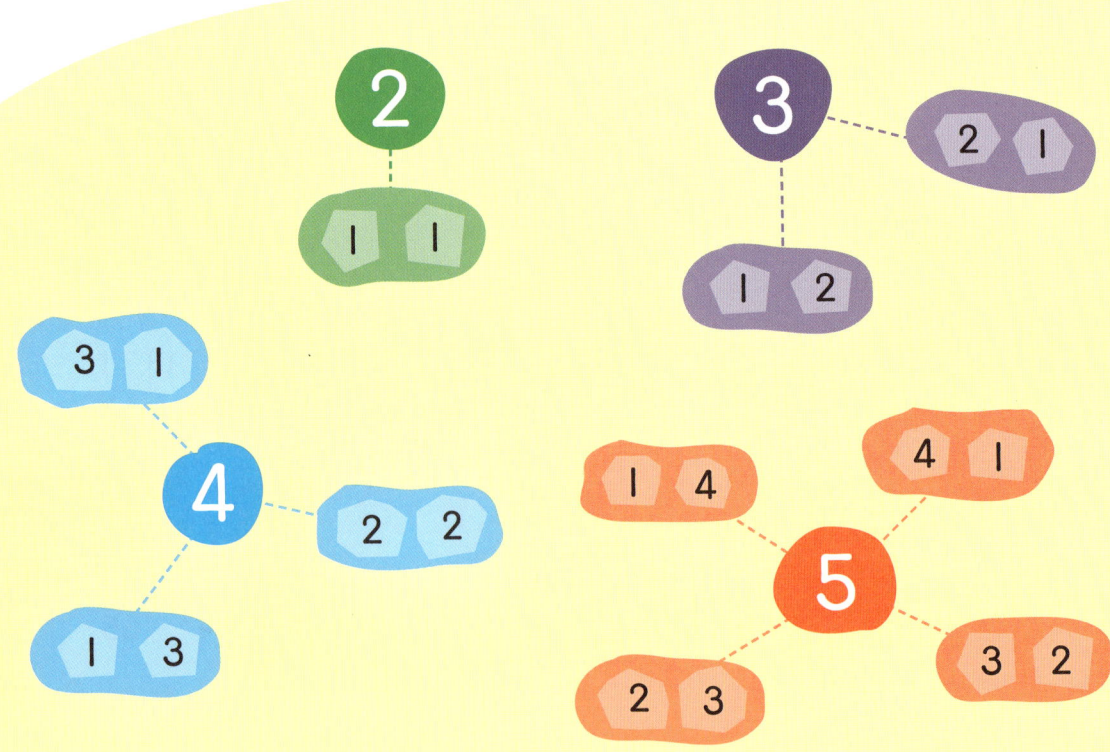

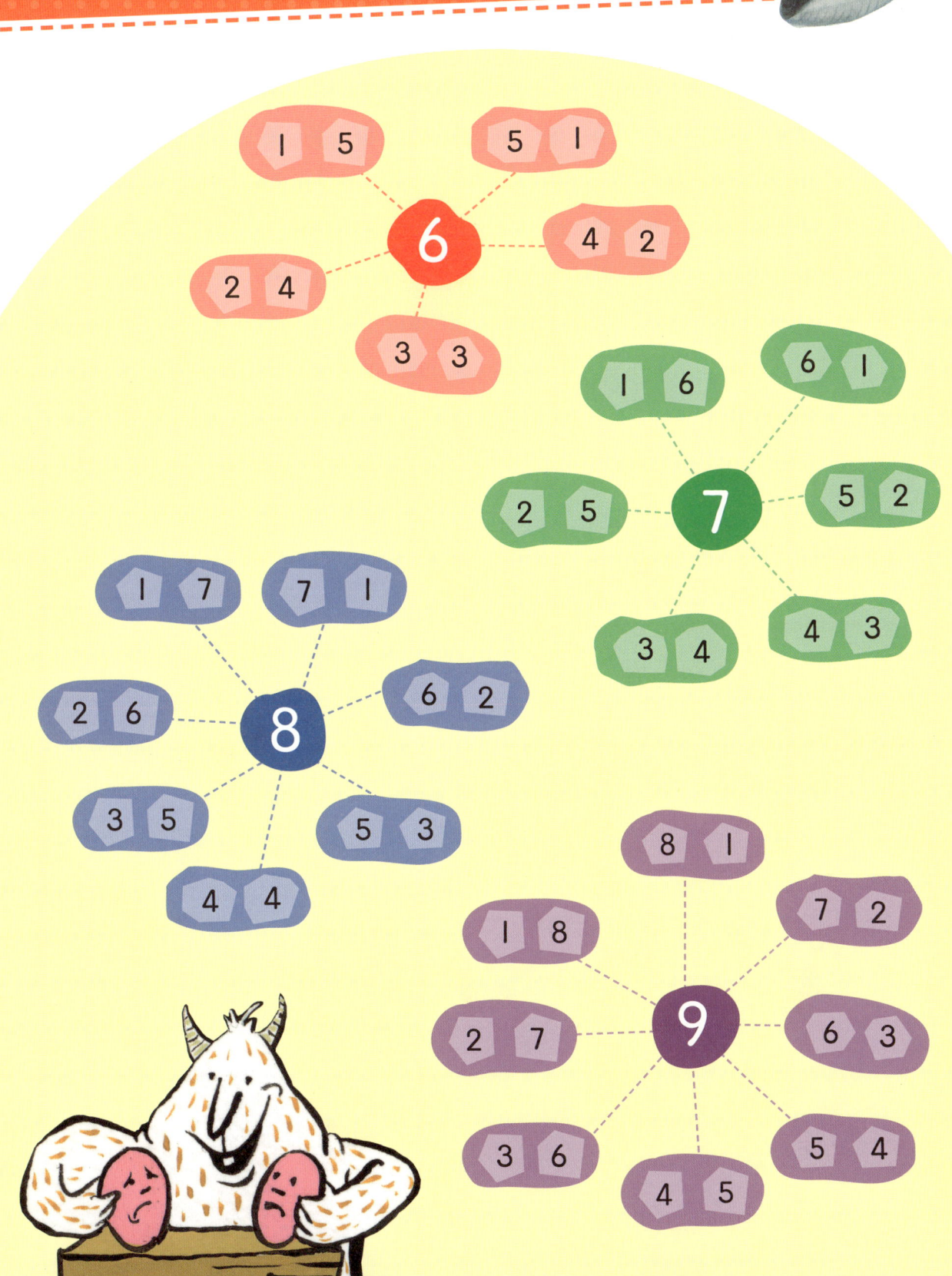

부엉이의 수 세기

부엉이도 사람처럼 수를 셀 수 있어요.
하지만 하나와 둘밖에는 세지 못한다고 해요.
부엉이가 어떻게 수를 세는지 한번 볼까요?
부엉이 집에 먹이가 3개 있어요.
부엉이는 먹이가 얼마나 있는지 세어 보지요.
"하나, 둘, 하나! 아, 먹이가 하나 있구나!"
둘까지만 아니까 부엉이는 세 개째 먹이를 그냥
하나, 라고 세어 버리는 거예요.
먹이가 4개 있을 땐,
"하나, 둘, 하나, 둘! 아, 두 개 있구나!"
이렇게 기억하는 것이죠. 이렇게 부엉이는
마지막에 센 것만 기억한답니다.

아름이가 수 가르기를 하고 있어요.
어? 그런데 잘 모르겠나 봐요. 여러분이 아름이를 도와주세요.
㉠, ㉡, ㉢에 가르기 한 수를 넣어 주면 된답니다.

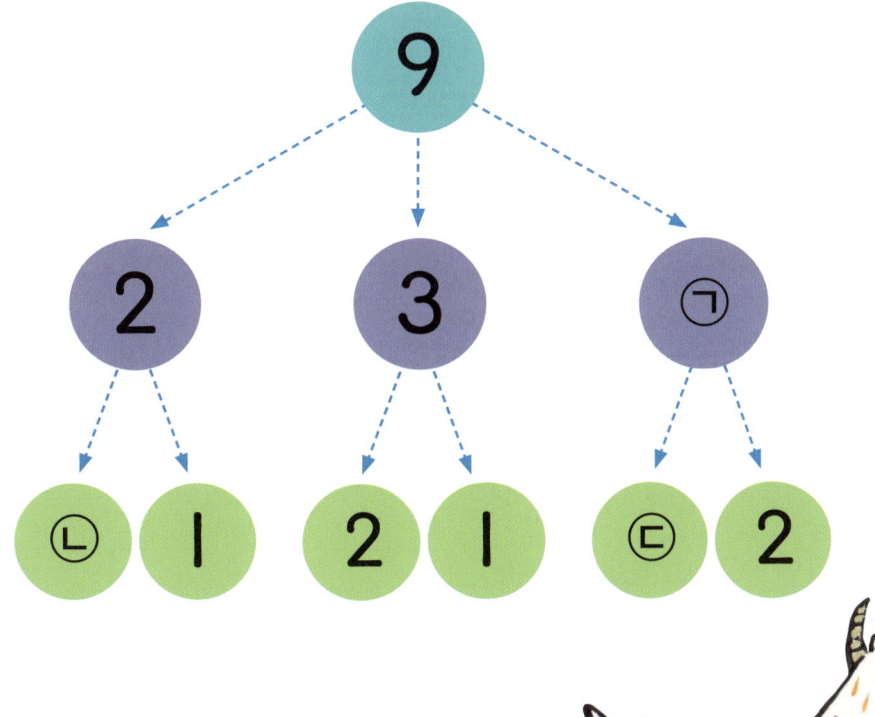

 정답은 154쪽에 있어요

더하기와 빼기

아기 공룡 디노의 이빨 뽑기

"이빨 두 개가 더 났다! 와, 신 난다!"

아기 공룡 디노는 이제 이빨이 8개입니다. 원래는 친구들처럼 6개였는데, 어느새 2개가 더 나서 8개가 된 것입니다.

디노는 밖에 나가서 이빨 자랑을 했습니다.

"난 이빨이 8개야, 8개!"

친구들은 디노를 부러워했습니다.

그런데 며칠 뒤, 디노가 울며 말했습니다.

"엄마, 엄마! 이빨이 아파요. 아파 죽겠어요!"

"가만 보자. 디노야, 입을 크게 벌려 봐!"
엄마는 디노의 이빨을 하나씩 살펴보았습니다.
"저런! 큰일이구나. 이빨이 3개나 썩었어. 아무래도 이빨을 뽑아야겠구나."
디노는 깜짝 놀랐습니다.
"안 돼요, 안 돼! 절대로 이빨을 뽑을 수 없어요!"

디노는 엉엉 소리 내어 울었습니다.
"썩은 이빨은 빨리 뽑아야 해. 안 그러면 다른 이빨까지 다 썩게 된단다."
엄마가 디노를 타일렀습니다.
결국 디노는 이빨을 뽑기로 했습니다. 엄마는 실로 디노의 썩은 이빨을 묶었습니다.

"아야, 아야! 엄마, 아파요! 살살 해요!"

친구들은 디노가 이빨을 뽑는 게 신기하고 재미있어서 옆에 쪼그리고 앉아서 구경했습니다.

엄마는 실 끄트머리를 잡고 확 잡아당겼습니다.

"아얏!"

디노가 소리를 질렀습니다. 실 끄트머리에 썩은 이빨이 대롱대롱 매달렸습니다.

"하나 빠졌다! 이제 디노는 이빨이 7개야!"

친구들이 소리쳤습니다.

"으아앙!"

디노는 아프기도 하고 이빨이 아깝기도 해서 엉엉 울었습니다.

"아직 2개 더 남았어!"

엄마는 또 실로 썩은 이빨을 묶었습니다. 그리고 또 확 잡아당겼습니다.

"아얏!"

"또 하나 빠졌다! 이제 디노는 이빨이 6개밖에 안 남았어. 우리하고 똑같다!"

친구들이 깔깔깔 웃으면서 좋아했습니다.

"으아앙! 으아앙!"

디노가 발을 동동 구르며 울었습니다.

"자, 이제 마지막이야."

엄마는 또 실로 썩은 이빨을 묶어서 확 잡아당겼습니다.

"아야, 아얏!"

이빨이 실에 대롱대롱 매달렸습니다.

"또 빠졌다! 이제 디노는 이빨이 5개다! 우헤헤헤! 우리보다 하나 적다!"

친구들은 이빨이 6개인데 이제 디노는 이빨이 5개밖에 없었습니다.

"으아앙!"

디노는 막 울었습니다.

"디노야, 괜찮아. 이빨은 새로 날 거야. 그리고 아빠처럼 아주 많아질 거야."

　　엄마가 디노를 달랬습니다. 디노는 속이 상했지만 엄마의 말을 믿기로 했습니다. 그래서 디노는 밥도 많이 먹고 우유도 많이 먹었습니다. 그리고 어서어서 이빨이 새로 나기만을 기다렸습니다.

동화 속 수학

덧셈식과 뺄셈식

아기 공룡 디노의 이빨은 다른 친구들처럼 6개였어요. 그런데 어느 날 2개가 더 나서 8개가 되었지요. 다른 친구들보다 2개가 더 많아진 거예요. 그럼 디노의 이빨로 덧셈식을 만들어 볼까요? '6개에 2개를 더하면 8개가 된다.'처럼 덧셈에 관한 식을 **덧셈식**이라고 해요.

▽▽▽▽▽▽ + ▽▽ = ▽▽▽▽▽▽▽▽
6 + 2 = 8 (육 더하기 이는 팔과 같다.)

그런데 6과 2를 바꿔서 더하면 어떻게 될까요? 그래도 똑같이 답은 8이 된답니다. 덧셈식에서는 두 수의 순서를 서로 바꾸어 더해도 합이 같아요.

2 + 6 = 8

이번에는 뺄셈식을 알아볼까요?

뺄셈식은 덧셈식의 반대라고 생각하면 쉬워요. '8개에서 3개를 빼면 5개가 된다.'처럼 뺄셈에 관한 식을 **뺄셈식**이라고 해요. 디노의 이빨이 8개였는데 3개를 뽑는 바람에 5개밖에 안 남았죠?

▽▽▽▽▽▽▽▽ - ▽▽▽ = ▽▽▽▽▽
8 - 3 = 5 (팔 빼기 삼은 오와 같다.)

그렇다면 뺄셈식도 덧셈식처럼 8과 3을 바꿔서 빼도 괜찮을까요? 3개에서 8개를 빼야 하는데……, 3개밖에 없는데 8개를 뺄 순 없겠죠?

3 - 8 = ?

이처럼 뺄셈식에서는 덧셈식과 달리 수의 순서를 바꾸면 답이 달라지기 때문에 절대 순서를 바꾸면 안 돼요.

플러스 상식

원시인들은 어떻게 수를 셌을까?

숫자가 생기기 이전에 원시인들은 나름대로의 방법으로 수를 셌어요. 1을 가리킬 때는 사자 머리를, 2를 가리킬 때는 매의 날개를 그렸지요. 사자 머리는 1개이고, 매의 날개는 2개니까요.
3을 가리킬 때는 세 잎 클로버를 그리고, 4를 가리킬 때는 양의 다리를 그렸대요. 양의 다리는 4개니까요.
하지만 이런 셈은 아무래도 문제가 많았어요. 그래서 원시인들은 손가락 열 개로 수를 셌어요. 10보다 더 많은 수를 세야 할 때는 발가락까지 사용했지요. 그래서 20까지는 셀 수가 있었어요. 20보다 많은 수를 세야 할 때는 돌멩이를 여러 개 모아서 하나씩 세거나 뼈다귀에 눈금을 새겨서 세기도 했대요. 이렇게 여러 가지 방법으로 수를 셌답니다.

수학퀴즈

멍멍이와 야옹이가 계단을 올라가고 있어요.
멍멍이보다 야옹이가 조금 더 많이 올라갔네요.
아래 그림을 보면서 문제에 답해 보세요.

① 야옹이는 모두 몇 칸이나 올라갔나요?
② 멍멍이는 모두 몇 칸이나 올라갔나요?
③ 야옹이는 멍멍이보다 몇 칸 더 많이 올라갔나요?
④ 멍멍이가 야옹이만큼 올라가려면 몇 칸 더 가야 하나요?

정답은 155쪽에 있어요

10을 가르기와 모으기

꼬마 우주인 꼬미와
우주 해적들

꼬미는 꼬마 우주인이에요. 혼자서 커다란 우주선을 타고 예쁜 별을 찾아 우주를 돌아다니지요.

꼬미는 예쁜 별을 많이 따고 싶었지만 하루에 10개밖에는 딸 수가 없었어요. 꼬미의 별 바구니에는 별을 10개밖에 담을 수 없기 때문이죠.

그날도 꼬미는 예쁜 별 10개를 따서 바구니에 담았어요.

"랄랄라, 신 난다! 이제 집으로 돌아가야지!"

그때였어요. 갑자기 우우웅 소리가 나면서 우주 해적 1호가

별 9개만 주면 안 잡아먹지!

나타났어요. 꼬미는 할 수 없이 별 9개를 주고 도망쳤어요.

그런데 조금 가다 보니 우주 해적 2호가 나타났지 뭐예요.

우주 해적 2호는 남은 별 1개

네가 가진 별을 다 내놔라.

제게는 별이 1개밖에 없어요. 우주 해적 1호님에게 별 9개를 빼앗겼거든요.

를 가지고 가 버렸어요. 꼬미는 슬펐지만 기운을 내서 다음 날 다시 별 10개를 땄어요. 그런데 또 우주 해적 1호가 나타난 거예요!

우주 해적 1호는 무시무시한 얼굴을 하고 말했어요.

오늘은 좀 봐주지. 별 8개만 내놔라.

아, 오늘 또 걸리다니…….

꼬미는 별 8개를 내놓고 도망쳤어요. 하지만 우주 해적 2호도 가만있을 리가 없었죠.

네가 가진 별을 다 내놔라.

오늘은 2개뿐이에요. 우주 해적 1호님이 8개를 가지고 가 버렸거든요.

꼬미는 전날처럼 별 10개를 모두 빼앗기고 말았어요.

그 뒤로도 꼬미는 우주 해적 1호를 만나 별 7개를 빼앗기면 2호에게 3개를 빼앗기고, 1호에게 6개를 빼앗기면 2호에게 4개를 빼앗겼어요.

83

꼬미는 너무 화가 나서 우주 대왕을 찾아가 사정 이야기를 했어요. 우주 대왕은 당장 우주 해적 1호와 2호를 잡아들였어요.

이 나쁜 녀석들! 어린 꼬미의 별을 빼앗다니! 내일 직접 별을 따서 꼬미한테 돌려주어라.

이야, 참 잘됐다.

잘못했습니다, 우주 대왕님! 대왕님이 시키시는 대로 하겠습니다.

다음 날 우주 해적 1호와 2호가 별을 가득 들고 꼬미를 찾아왔어요.

난 별을 8개 땄어.
네게 다 줄게.

난 7개를 땄어.
다 줄게.

이 바구니에는 별을
10개밖에 담을 수 없어요.
5개씩만 주세요.

꼬미는 기분 좋게 집으로 돌아와 생각에 잠겼어요. 그때 우주 대왕의 목소리가 들렸어요.

"꼬미야, 무슨 생각을 그렇게 하니?"

"10을 둘로 가르고 모으는 일이 참 재미있어서요. 대왕님이 아무 숫자나 한번 말씀해 보세요. 제가 10이 되도록 다른 숫자를 말해 볼게요."

"그거 재밌겠구나."

우주 대왕은 숫자를 부르기 시작했어요.

"8!"

"8이라면……, 2요! 2가 있으면 10이 돼요."

"그럼 1!"

"1은……, 9지요!"

"그렇다면 6!"

"4요!"

꼬미는 거침없이 척척 대답했어요.

"꼬미, 너 정말 잘하는구나!"

"이게 다 우주 해적 선생님들 덕분이에요."

"선생님이라니?"

"우주 해적 1호님과 2호님의 심술 덕분에 제가 수학을 배웠으니 제 선생님이나 마찬가지죠."

"하하하!"

꼬미와 우주 대왕은 다른 별들이 깜짝 놀랄 만큼 큰 소리로 웃었답니다.

10을 어떻게 가르고 모을까?

어떤 수를 두 수로 나누는 걸 가르기, 두 수를 합하는 걸 모으기라고 하죠? 10을 어떻게 두 수로 가를 수 있는지, 어떤 두 수를 모으면 10이 되는지 그림으로 살펴보세요.

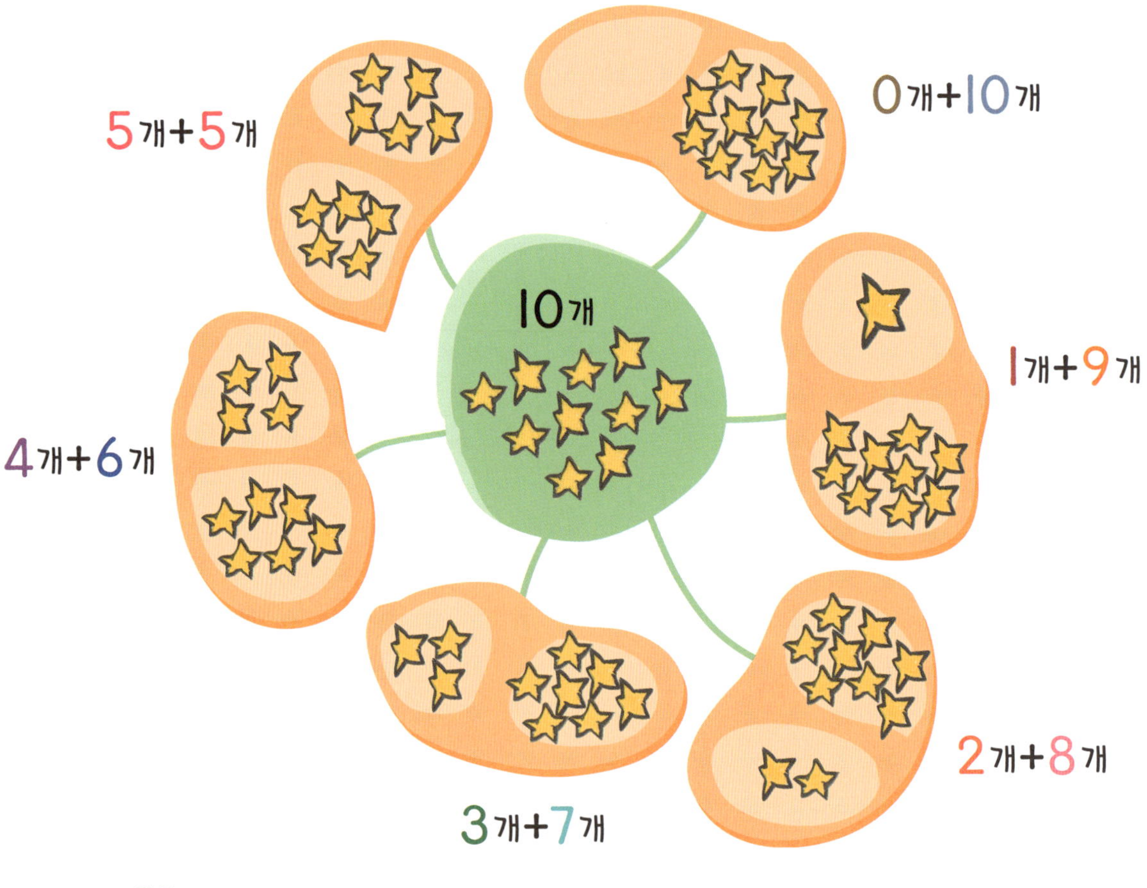

5개+5개
0개+10개
1개+9개
10개
2개+8개
3개+7개
4개+6개

왜 10을 가르고 모으는 걸까?

10을 가르고 모으는 일은 계산의 기초가 된답니다.

① 10 + 30 = 40
② 23 + 17 = 40

위의 두 식을 보세요. 답은 똑같이 40인데 ①번 계산은 쉽고, ②번 계산은 어렵지요? ①번은 '0'을 빼고 생각하면
1 + 3 = 4가 되어 쉽게 느껴지는 거예요.
하지만 ②번 식도 가르고 모을 줄만 알면 쉽게 풀 수 있어요.
우선 뒷자리의 3과 7을 합하면 10이 된다는 것을 알아내는 게 중요해요. 그렇게 10이 만들어지고, 앞자리의 2와 1을
더하면 30이 되니까 바로 30 + 10 = 40이라는 식이 나오지요.

23 + 17 = 40
3 + 7 = 10
20 + 10 = 30

우리 몸속에 숨어 있는 수학

수학은 우리의 생활 곳곳에 숨어 있어요. 우리의 몸도 사실은 수학과 관련이 깊답니다.

우선 사람의 눈, 귀, 팔, 다리, 폐, 신장 등은 균형을 잡기 위해 2개씩 있어요. 또 사람의 갈비뼈는 24개이고, 체온은 36.5도랍니다. 어떤 사람들은 이것이 자연의 24절기와 1년의 날 수인 365일과 관련이 있다고도 해요.

또한 옛부터 아기가 태어난 뒤에는 **삼칠일**이라는 것을 두어서 조심하게 했어요. 삼칠일은 '3×7'을 뜻하는 것으로 21일을 말하는데, 이 기간에는 엄마도 아가도 특히 몸을 잘 돌보아야 한다는 의미였지요.

그런데 21일은 알에서 깨어나는 많은 생물들의 부화 기간과 같다고 하니 이 역시 생활 속의 수학이라고 할 수 있겠네요.

수학퀴즈

책상 위에 성냥개비가 5개 있어요.
'이걸로 수학식을 만들 수 없을까?'
철이가 고개를 갸우뚱거리며 고민을 하고 있네요.
성냥개비 3개를 이리저리 놓아 보던 철이가 외쳤어요.
"그렇지! 그렇게 하면 '0'이 되겠구나."
철이가 수학식을 만들었나 봐요. 어떻게 한 것일까요?
성냥개비를 이리저리 움직여 답이 '0'이 되도록 수학식을 만들어 보세요.

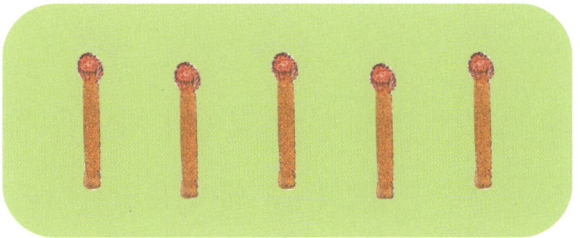 

정답은 155쪽에 있어요

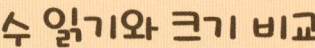
꼬꼬와 삐삐의
달걀 자랑

시골 어느 마을에 마당이 커다란 집이 있었습니다. 커다란 마당에는 암탉들이 아주 많이 살았습니다. 암탉들은 매일 알을 낳았습니다.

"꼬끼오!"

새벽이 되면 병아리 꼬꼬는 제일 먼저 일어나 마당을 돌아다니며 암탉들이 달걀을 얼마나 낳았는지 세어 보았습니다.

옆집 마당에도 암탉들이 살았습니다. 거기에는 삐삐라는 병아리가 있었지요. 삐삐도 새벽에 제일 먼저 일어나 달걀을 세었습니다.

"우리 집은 오늘 달걀이 이만큼이야!"

삐삐가 꼬꼬한테 팔을 한껏 벌리며 자랑을 했습니다. 그러자 꼬꼬가 팔을 좀 더 크게 벌리면서 대답했습니다.

"흥, 우린 이마~안큼이다! 우리가 더 많지롱!"

삐삐는 기분이 나빠졌습니다. 오늘은 꼬꼬한테 졌기 때문입니다.

꼬꼬와 삐삐는 이렇게 매일 누구네 닭이 달걀을 더 많이 낳

앉는지 내기를 했습니다.

"우린 오늘 이만큼이다! 우리가 더 많지?"

"아니야, 우리가 더 많아!"

이렇게 싸울 때도 있었습니다.

어느 날 수탉 아저씨가 꼬꼬와 삐삐의 모습을 보고 말했습니다.

"그렇게 하면 누구네 달걀이 얼마나 더 많은지 잘 모른단다. 달걀 수를 정확하게 세어 봐야지."

"아, 그러면 되겠네요!"

꼬꼬와 삐삐는 다음 날부터 달걀 수를 세었습니다.

"우린 10개를 다섯 번 세고, 또 6개가 더 있어."

꼬꼬가 먼저 자랑을 했습니다.

10개가 다섯 번이란 말은 50개란 뜻입니다. 그리고 또 6개가 더 있다는 말은 50개 하고도 6개가 더 있다는 뜻이지요. 그러니까 달걀이 56개란 뜻입니다.

꼬꼬는 숫자를 10까지밖에 못 세기 때문에 이렇게 말한 것입니다.

"우린 10개를 여섯 번 세고, 또 2개가 더 있어."

삐삐도 이렇게 대답했습니다. 달걀이 62개란 뜻이지요.

이때 수탉 아저씨가 말했습니다.

"얘들아, 숫자는 그렇게 세는 게 아니란다."

"그럼 어떻게 세는 거예요?"

꼬꼬와 삐삐가 물었습니다.

"10개가 두 번이면 이십, 세 번이면 삼십, 네 번이면 사십,

다섯 번이면 오십, 여섯 번이면 육십, 이렇게 세는 거야."
"앞은 일, 이, 삼, 사랑 똑같고 끝에 십을 붙이면 되는구나!"
"옳지! 그리고 또 이렇게도 말한단다. 20은 스물, 30은 서른, 40은 마흔, 50은 쉰, 60은 예순, 70은 일흔, 80은 여든, 90은 아흔 그리고 10이 열 번이면 백이란다!"
다음 날도 꼬꼬와 삐삐는 달걀 수를 열심히 세었습니다.
"우리 집은 오늘 달걀이 73개야. 그러니까 일흔세 개지!"

꼬꼬가 말했습니다.

"흥! 우리 집은 68개야. 예순여덟 개라고. 우리가 이겼어!"

삐삐가 코웃음을 쳤습니다.

"우린 73개고 너흰 68개인데 왜 너희가 더 많니?"

"끝에 붙은 8이 3보다 더 크잖아!"

"우헤헤, 그게 아니야! 앞에 있는 7이 6보다 더 크기 때문에 우리가 이긴 거야."

꼬꼬가 삐삐를 막 놀려 댔습니다. 듣고 있던 수탉 아저씨가 말했습니다.

"꼬꼬 말이 맞아. 두 자리 수는 앞에 있는 숫자로 크기를 비교한단다. 오늘은 꼬꼬가 이겼구나. 73개가 68개보다 많으니까 말이야."

삐삐는 시무룩해졌습니다.

"이젠 이런 거 안 할래!"

다음 날부터 삐삐는 꼬꼬하고 놀지 않고 혼자 달걀 수만 세었습니다. 그리고 매일 달걀 수를 공책에 적어 놓았습니다.

"음~ 달걀이 갈수록 점점 많아지네? 그런데 참 이상하다.

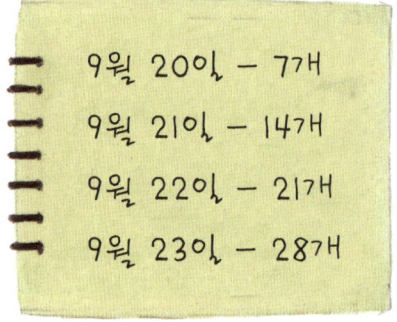

매일매일 꼭 7개씩 많아지는걸."

삐삐가 혼자 중얼거리고 있는데 뒤에서 수탉 아저씨가 말했습니다.

"달걀이 매일 7개씩 많아진다는 걸 알아내다니 삐삐가 아주 똑똑하구나. 그럼 내일 달걀이 몇 개일지 맞혀 볼래?"

"음, 28개 7개를 더하면……, 35개요!"

$$28 + 7 = 35$$

"맞았어. 그리고 또 그다음 날엔?"

"42개요!"

삐삐가 자신 있게 대답했습니다.

"옳거니! 잘했다, 삐삐야! 넌 좀 더 노력하면 수학 박사가 될 수도 있겠구나."

"정말요?"

삐삐는 좋아서 삐약삐약 소리를 지르고, 옆에 있던 꼬꼬는 그만 시무룩해지고 말았답니다.

동화 속 수학

수 읽기

10에서 100까지 수 읽기 연습을 해 볼까요?

10	20	30	40	50
십(열)	이십(스물)	삼십(서른)	사십(마흔)	오십(쉰)
60	70	80	90	100
육십(예순)	칠십(일흔)	팔십(여든)	구십(아흔)	백(백)

그럼 54 같은 두 자리 수는 어떻게 읽을까요? 이럴 때는 십의 자리 숫자를 먼저 읽고 난 다음, 일의 자리 숫자를 읽으면 돼요.

54 = 50 + 4
오십사　오십　사
(쉰넷)　(쉰)　(넷)

67 = 60 + 7
육십칠　육십　칠
(예순일곱)　(예순)　(일곱)

두 수의 크기 비교하기

5보다는 6이 크고, 6보다는 7이 크지요. 이것을 기호로 나타내면 다음과 같아요.

$$5 < 6$$
$$6 < 7$$

그렇다면 85와 47 중에서는 어떤 수가 더 클까요?
두 자리 수를 비교할 때는 십의 자리 숫자를 봐야 해요.
십의 자리 숫자가 큰 수가 더 크지요.
85에서 십의 자리 숫자는 '8'이고, 45에서 십의 자리 숫자는 '4'예요. 8이 4보다 더 크기 때문에 85가 더 큰 수예요.
만약 24와 29처럼 십의 자리 숫자가 같을 때는 일의 자리 숫자가 큰 쪽이 더 큰 수랍니다.

$$85 > 47 \qquad 24 < 29$$

플러스 상식

수에 대한 특별한 생각

많은 사람들이 '수'에 대해 특별한 생각을 갖고 있어요. 어떤 수는 좋은 수, 어떤 수는 나쁜 수라고 여기기도 해요. 예로부터 우리나라 사람들은 3이란 숫자를 좋아했어요. 홀수와 짝수인 1과 2를 합친 3이야말로 완전한 숫자라고 생각했지요. 하지만 4는 한자로 '죽을 사(死)' 자가 생각난다고 해서 꺼렸어요. 그래서 병원에서는 4라는 숫자를 찾기가 힘들어요. 4층도 없고 4호실도 없어요. 서양 사람들은 7을 행운의 숫자로, 13을 불행의 숫자로 여겨요. 7을 행운의 숫자로 생각하는 것은 하느님이 6일 동안 세상을 만들고 7일째 되는 날 쉬었기 때문이에요. 13을 싫어하는 것은 예수님이 십자가에 못 박혀 죽은 날이 13일이기 때문이래요.

수학퀴즈

우리 집은 식구가 많은 편이에요. 할아버지와 할머니, 아빠와 엄마, 그리고 삼촌과 고모가 모두 함께 살거든요. 그럼 지금부터 우리 가족 6명의 나이를 모두 알아맞혀 보세요.

할머니의 연세는 **예순여섯 살**이에요.
할아버지는 할머니보다 **두 살** 많아요.
아버지는 할아버지보다 **스물아홉 살** 적어요.
엄마는 아버지보다 **두 살** 적어요.
삼촌은 엄마보다 **한 살** 적어요.
고모는 삼촌보다 **세 살** 적어요.

정답은 156쪽에 있어요

시각 알아보기

비둘기 구구와 시곗바늘 형제

높다란 시계탑이 있습니다.

시계탑 속 시계에는 시곗바늘 형제가 삽니다. 형은 짧은바늘 시침이, 동생은 긴바늘 분침이입니다.

형제는 저마다 할 일이 따로 있습니다. 형은 시각을 가리키고, 동생은 분을 가리킵니다.

동생 분침이는 오늘도 투덜거립니다.

"너무 불공평해! 내가 땀 흘리면서 한 바퀴 돌 동안 형은 한 칸밖에 안 움직이잖아!"

"그래도 넌 나보다
키가 더 크잖아."
사실 분침이는 동생인
데도 형인 시침이보다 키
가 큽니다.
분침이가 가끔씩 형에게
짜증을 부리기는 하지만 사실
시곗바늘 형제는 사이가 아주 좋습니다.
어느 날 비둘기 한 마리가 날아와
시계탑에 앉았습니다.
"안녕! 난 비둘기 구구야."
비둘기가 말했습니다.
"안녕! 우리는 시침이와 분침이야."
시곗바늘 형제도 인사를 했습니다.
"사실은 너희한테 부탁이 있어서
왔어."
구구가 말했습니다.

"무슨 부탁인데?"

"응, 오늘 오후 3시 30분에 친구를 만나기로 했거든. 그런데 난 시계를 볼 줄 몰라. 그러니 내게 시계 보는 법을 좀 가르쳐 주었으면 해서."

"그거야 어렵지 않지. 그럼 잘 들어 봐."

시곗바늘 형제는 함께 고개를 끄덕였습니다.

분침이가 먼저 빙그르르 돌더니 숫자 '12'에 가서 딱 멈췄습니다.

"이렇게 분침이가 12에서 멈춰 있을 때 내가 가리키는 숫자가 바로 '시각'이야."

시침이가 설명했습니다. 시침이는 숫자 3에 가서 멈춘 다음 물었습니다.

"구구야! 지금 분침이는 12에 있고 난 3에 있어! 그럼 지금 이 몇 시지?"

"삼 시!"

구구가 자신 있게 말했습니다.

"맞긴 맞는데 이럴 때는 세 시라고 하는 거야."

"알았어."
구구가 머리를 긁적이며 대답했습니다.
"그럼 지금은 몇 시지?"
시침이가 이번에는 숫자 11에 가서 멈췄습니다.
"십일……, 아니 열한 시!"
"맞았어! 그럼 내가 1부터 12까지 한 칸씩 옮겨 볼 테니까 한번 쭈욱 말해 봐!"
시침이는 숫자 1에서부터 12까지 차례대로 한 칸씩 옮겨 갔습니다.

"한 시, 두 시, 세 시……, 열두 시!"

구구는 시침이가 한 칸씩 움직일 때마다 바뀌는 시각을 말했습니다.

"잘했어! 그럼 이번에는 분침이 차례야!"

분침이가 빙글 돌더니 숫자 6에 가서 딱 멈췄습니다. 그리고 시침이는 숫자 3을 조금 지나 딱 멈췄습니다.

"구구야! 지금 분침이는 6에 있고 난 3 근처에 있어. 그럼 몇 시 몇 분이게?"

시침이가 물었습니다.

"그건 너무 어려워!"

구구가 얼굴을 찡그렸습니다.

"간단해! 분침이가 6에 가 있을 때는 30분이라고 해. '반'이라고도 하지."

시침이가 말했습니다.

"그럼, 삼십 분 세 시네?"

구구가 알겠다는 듯이 말했습니다.

"그렇게 읽는 게 아니야. 몇 시인지를 먼저 말하고, 그다음에 몇 분인지 말하는 거야."

"아, 그럼 세 시 삼십 분!"

구구가 고개를 크게 끄덕이며 말했습니다.

"맞았어. 세 시 반이라고 해도 돼."

"그러니까 분침이가 6에 가 있을 때는 무조건 30분이나 반이라고 하면 되는구나."

"맞아, 맞아!"

시침이와 분침이가 맞장구를 치면서 또 한 바퀴 빙글 돌았습니다. 이번에는 시침이가 10을 지나 있고 분침이는 6에 가서 멈췄습니다.

"자, 한번 읽어 봐!"

시침이가 말했습니다.

"음, 시침이가 10을 지나 있고 분침이가 6에 있으니까……, 그래, 열 시 삼십 분!"

"딩동댕!"

시곗바늘 형제와 비둘기 구구가 즐겁게 웃었습니다. 그런데 바로 그때였습니다.

"이상하다! 시곗바늘이 제멋대로 돌아간다!"
 마을 사람들이 공터에 모여서 웅성거리며 시계탑을 쳐다보고 있었습니다.
 "이크! 큰일이다. 야, 분침아! 빨리 제자리로 돌아가자. 서둘러!"

시침이와 분침이가 빙그르르 돌더니 원래 시각으로 돌아갔습니다. 시침이는 3을 지나 있고, 분침이는 6에 가서 멈췄습니다.

"가만, 시침이가 3을 지나 있고 분침이가 6에 있으니까, 세 시 삼십 분이네. 으악! 큰일 났다. 친구하고 만나기로 한 시각이잖아!"

비둘기 구구가 부리나케 날아갔습니다. 시침이와 분침이가 하하하 웃었습니다.

시계 읽기

시계의 짧은바늘은 시각을 나타내는 시침이고, 긴바늘은 분을 나타내는 분침이에요. 시침이 1을 가리킬 때는 1시, 2를 가리킬 때는 2시가 되지요. 물론 이때는 분침이 꼭 12를 가리키고 있어야 해요. 그림 속의 시계를 보고 시각을 익혀 보세요.

1시(한 시)   2시(두 시)   3시(세 시)

4시(네 시)   5시(다섯 시)   6시(여섯 시)

7시 (일곱 시) 8시 (여덟 시) 9시 (아홉 시)

10시 (열 시) 11시 (열한 시) 12시 (열두 시)

분침이 6을 가리킬 때는 '몇 시 30분', 혹은 '몇 시 반'이라고 읽어요.

1시 30분 (한 시 삼십 분)   8시 30분 (여덟 시 삼십 분)
1시 반 (한 시 반)   8시 반 (여덟 시 반)

플러스 상식

낮 시간과 밤 시간

시계를 보면 숫자가 1부터 12까지밖에 없죠?
그런데 왜 하루를 **24시간**이라고 하는 걸까요?
그것은 시곗바늘의 시침이 하루에 두 바퀴를
돌기 때문이에요.

12에서 출발해서 다시 12까지 오면 한 바퀴!
그리고 또 한 번 돌아서 12까지 오면 두 바퀴!
그래서 12+12=24가 되는 거죠.
이렇게 시침이 1부터 12까지의 숫자를 하루에 두 번씩 가리키다
보니 '2시'라고 했을 때, 밤 2시인지, 낮 2시인지 잘 모를 경우가
생겨요. 그래서 **오전**과 **오후**라는 말을 쓰는 것이랍니다.
오전은 밤 12시부터 낮 12시까지를 가리키는 말이고,
오후는 낮 12시부터 밤 12시까지를 가리키는 말이지요.
또 밤 12시는 자정, 낮 12시는 정오라고 부르기도 한답니다.

수학퀴즈

"연필을 한 번도 떼지 않고 그릴 수 있는
모양은 없을까?"
원시인 똘치가 여러 가지 모양을 보면서
고개를 갸웃거리고 있네요. 이 세 가지 모양 중
연필을 한 번도 떼지 않고 같은 곳을 두 번
지나지 않게 그릴 수 있는 모양이 있답니다.
어떤 모양인지 문제를 풀어서 똘치에게 가르쳐 주세요.

① 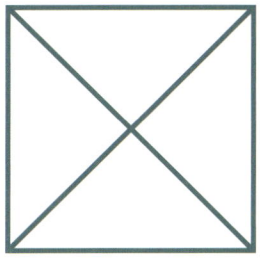   ②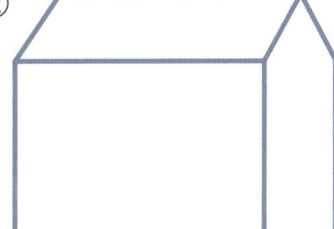

③

정답은 157쪽에 있어요

덧셈과 뺄셈

공룡 로봇과 장난감 병사

장난감 마을에 큰일이 생겼습니다. 커다란 공룡 로봇이 새로 들어온 것입니다. 공룡 로봇은 매일 작은 장난감들을 괴롭혔습니다.

장난감들이 모여서 회의를 했습니다.

"이러다간 우리 장난감들이 다 망가져 버리겠어."

"그래, 맞아. 우리 모두 힘을 합해서 공룡 로봇을 무찔러야 해. 어서 장난감 병사들을 모으자."

장난감 병사들이 하나둘씩 모여들었습니다.

곰돌이 마을에서 병사 12명이 왔습니다. 그리고 코끼리 마을에서는 24명이 왔습니다.

"음, 병사들이 모두 몇 명인지 숫자를 세어 놔야겠는걸."

하지만 장난감 병사들은 숫자를 잘 세지 못했습니다. 모두들 우왕좌왕 어쩔 줄을 몰랐습니다.

"내가 할게!"

이때 저 뒤에서 토끼 인형 꾀돌이가 나섰습니다.

"처음에 12명이 오고, 그다음 24명이 왔으니까 모두 36명

$$\begin{array}{rcc} & 1 & 2 \\ + & 2 & 4 \\ \hline & 3 & 6 \end{array}$$

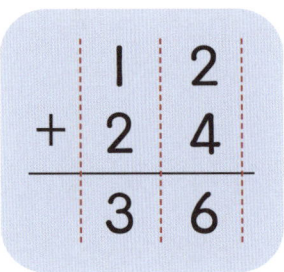

이야. 일의 자리인 2와 4를 더하고, 십의 자리인 1과 2를 더하면 돼."

"와! 굉장하다! 꾀돌이는 정말 대단해!"

이렇게 해서 꾀돌이가 장난감 병사들의 숫자를 세기로 했습니다.

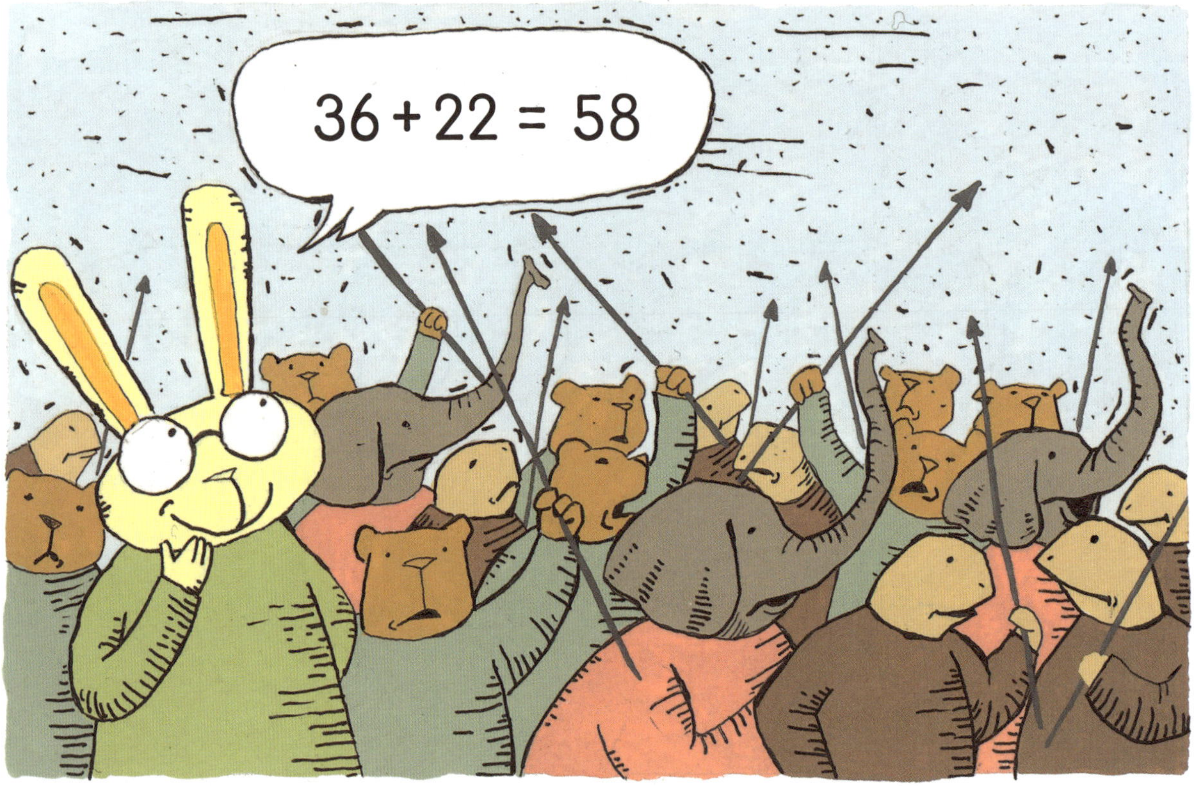

거북 마을에서는 병사 22명이 왔습니다.

"36명에다 22명을 합하면……, 모두 58명이다!"

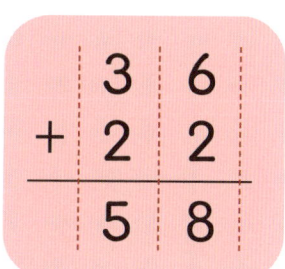

장난감 병사 58명이 모였습니다.

"자, 이제 저 나쁜 공룡 로봇을 혼내 주러 가자!"

"와와와!"

장난감 병사들은 공룡 로봇이 사는 동굴로 몰려갔습니다.

"꾸루루 꿍, 크르르 쿵!"

동굴에 도착하자 공룡 로봇의 코 고는 소리가 우렁차게 들려왔습니다.

장난감 병사들은 무서워서 덜덜덜 떨었습니다.

"크르르 쿵! 웬 녀석들이 이렇게 시끄럽게 구는 거야!"

동굴 안쪽에서 공룡 로봇의 목소리가 들렸습니다.

"으악, 너무 무서워! 도망가자!"

갑자기 장난감 병사들이 도망치기 시작했습니다. 하지만 꾀돌이는 도망치지 않았습니다. 그 대신 도망가는 병사들의

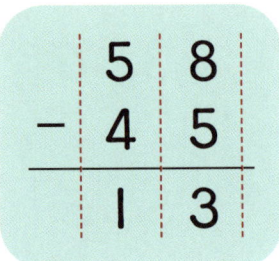

수를 셌습니다.

"하나, 둘, 셋……. 응? 45명이나 도망쳤네. 그럼 58명에서 45명을 빼면 13명이다. 뺄셈도 자릿수를 맞춰서 하면 쉽지."

장난감 병사들은 이제 13명밖에 남지 않았습니다.

"도망친 녀석들은 모두 겁쟁이야. 하지만 우리가 힘을 합치면 공룡 로봇을 무찌를 수 있어!"

대장이 말했습니다. 그때 동굴 속에서 공룡 로봇이 쿵쿵, 소리를 내며 나타났습니다.

"꾸아악! 크르릉! 이 녀석들! 모두 잡아먹어 버리겠다!"

공룡 로봇이 입을 크게 벌렸습니다.

"끼야악! 장난감 살려!"

장난감 병사 3명이 또 도망쳤습니다.

"음, 13명에서 3명 도망쳤으니까 10명이 남았군."

꾀돌이는 공룡 로봇이 쿵쿵쿵 다가오는데도 땅바닥에 주저앉아서 수 계산만 했습니다.

"모두 흩어져서 공격하자! 공격 개시!"

용감한 장난감 병사 10명이 공룡 로봇을 공격하기 시작했습니다. 장난감 병사들은 공룡 로봇의 등이나 꼬리에 올라타고 장난감 창으로 막 찔렀습니다.

하지만 공룡 로봇은 입을 크게 벌려 장난감 병사 4명을 한 입에 먹어 치웠습니다. 장난감 병사들은 무서워서 덜덜 떨었습니다.

그런데 그때 도망갔던 장난감 병사 3명이 돌아왔습니다.

"우리가 너무 비겁했어. 같이 싸우자!"

돌아온 병사들이 말했습니다. 꾀돌이는 또 바쁘게 계산을 했습니다.

"10명에서 4명이 잡아먹히고 3명이 다시 돌아왔으니까 모두 9명이야."

$$10 - 4 + 3 = 9$$

9명의 장난감 병사들이 모두 공룡 로봇의 등 위로 올라가서 창으로 막 찔러 댔습니다.

"크아이아오우! 꾸르릉! 꽉!"

공룡 로봇이 비명을 질렀습니다.

"저기 도망갔던 장난감 병사들이 다시 오고 있어!"

도망갔던 장난감 병사 중에서 6명이 또 되돌아왔습니다.

"6명이 더 왔으니까 모두 15명이구나!"

15명의 장난감 병사들이 모두 한꺼번에 공격하자, 마침내 공룡 로봇은 괴상한 비명을 지르며 쿵 하고 쓰러졌습니다.

"와와와! 공룡 로봇을 무찔렀다!"

장난감 병사들이 기뻐서 손뼉을 치며 소리쳤습니다. 하지만 꾀돌이는 여전히 땅바닥에 쪼그리고 앉아서 수학 계산만 하고 있었습니다.

덧셈식과 뺄셈식

두 자리 수의 덧셈은 자릿수를 맞춰서 계산하면 돼요. 일의 자리는 일의 자리끼리, 십의 자리는 십의 자리끼리 더하는 거예요. 뺄셈도 마찬가지예요. 자릿수를 맞춰서 빼면 돼요.

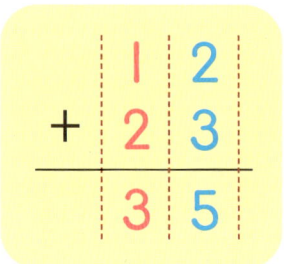
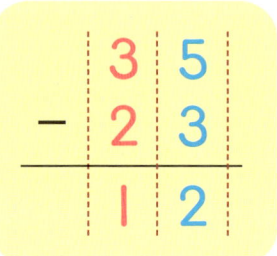

그런데 계산을 하다 보면 재미있는 사실을 알 수 있어요.
덧셈식 12 + 23 = 35를 뒤에서부터 뺄셈식으로 바꾸어 보세요.

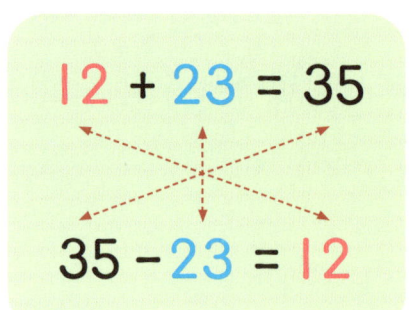

가장 큰 수인 35는 덧셈식에서는 맨 뒤에 있고, 뺄셈식에서는 맨 앞에 있네요. 이렇게 두 수의 덧셈식을 두 수의 뺄셈으로 바꿀 수도 있답니다.

세 수는 어떤 순서로 계산할까?

15-6+7처럼 세 수의 덧셈과 뺄셈을 함께 해야 할 때는 앞에서부터 차례대로 계산해야 해요.

$$15 - 6 + 7 = 16$$
$$\underbrace{}_{9}$$
$$\underbrace{}_{16}$$
(O)

만약 앞에서부터 차례대로 계산하지 않으면 전혀 다른 답이 나와요. 그래서 세 수의 계산은 순서를 잘 지켜서 해야 한답니다.

$$15 - 6 + 7 = 16$$
$$\underbrace{}_{13}$$
$$\underbrace{}_{2}$$
(×)

플러스 상식

수학 기호는 누가 만들었을까?

덧셈이나 뺄셈을 할 때는 +, − 같은 부호를 쓰지요. 더하기는 +로, 빼기는 −로 표시하는 것은 사람들이 그렇게 하기로 약속을 했기 때문이지요.

그럼, 이런 부호는 언제, 누가 만들어 낸 것일까요?

+와 − 부호는 1498년에 출간된 《사업을 위한 훌륭한 계산》이라는 책에서 처음 쓰였어요. 이 책은 독일의 비트만이란 사람이 쓴 것인데, 그는 계산을 아주 잘해서 주변 사람들의 재산이나 이자를 계산해 주는 것을 직업으로 삼았을 정도였어요.

그는 라틴어에서 힌트를 얻어 +, −를 만들었다고 해요. 그러나 비트만이 +와 −를 더하기와 빼기로 사용한 것은 아니에요. 단지 +는 너무 많다, −는 모자라다는 의미로 사용했지요. 16세기에 들어와서야 더하기, 빼기의 뜻으로 사용하게 되었답니다.

빨강, 노랑, 파랑 세 가지 색 동그라미가 있어요.
동그라미 하나에 수가 4개씩 들어 있는데,
이 4개의 수를 합하면 각각 **50**이 돼요.
이 조건에 맞도록 ㉮, ㉯, ㉰를 채워 보세요.

정답은 157쪽에 있어요

문제 푸는 방법 찾기
개미 나라 마술 구멍

　개미 나라에 마술 구멍이 하나 있습니다. 두 마리가 마술 구멍으로 들어가면 세 마리가 되어서 나옵니다.
　"참 이상한 구멍이야. 또 해 보자."
　개미들은 마술 구멍 주변에 모여서 고개를 갸웃거립니다. 이번에는 다섯 마리가 마술 구멍으로 들어가 봅니다. 그런데 이번엔 한 마리만 나왔습니다.
　"허 참, 이상한 구멍이로군."
　"신기한 마술 구멍이야, 마술 구멍!"

개미 나라 마술 구멍은 금방 유명해져서 다른 곤충 마을에서도 마술 구멍을 구경하려고 몰려들었습니다.

그런데 사실 이 구멍은 마술 구멍이 아니랍니다. 개미 할아버지가 아이들한테 수학을 가르치려고 만든 구멍이지요.

어린 개미들이 많이 모이자 개미 할아버지가 말했습니다.

"자, 이제부터 수학 공부를 하자꾸나. 답을 맞히는 개미에게는 맛있는 사탕을 주겠다!"

어린 개미들이 손뼉을 쳤습니다.

"지금 이 마술 구멍으로 개미 12마리가 들어간다!"

개미 12마리가 마술 구멍으로 들어갔습니다. 조금 뒤에 15마리가 다른 구멍으로 나왔습니다.

"히야!"

어린 개미들이 소리쳤습니다.

"개미 12마리가 들어가서 15마리가 나왔지. 그럼 마술 구멍 속에는 개미 몇 마리가 있었을까?"

개미 할아버지가 물었습니다.

어린 개미들이 조용해졌습니다. 아무도 답을 못 맞히고 있었죠. 그때였습니다.

"3마리가 있었어요."

저 뒤에서 꾀 많은 꾀돌이 개미가 대답했습니다.

"맞았다! 여기 사탕 받아라!"

"와아."

어린 개미들이 부러운 눈으로 꾀돌이 개미를 바라봤습니다.

"자, 다음 문제!"

개미 12마리가 마술 구멍으로 들어갔습니다.

그리고 3마리가 나왔습니다.

"12마리가 들어가서 3마리가 나왔다. 그럼 마술 구멍 속에는 몇 마리가 남아 있을까?"

다시 조용해졌습니다.

"마술 구멍 속에는 9마리가 남아 있어요!"

이번에도 꾀돌이 개미가 대답했습니다. 꾀돌이 개미는 또 답을 맞혀 사탕 한 개를 받았습니다.

이번에는 4마리가 들어가서 6마리가 나왔습니다.

"마술 구멍 속에는 2마리가 더 있었어요!"
꾀돌이 개미는 문제가 나오는 대로 척척 맞혔습니다.
"꾀돌이 개미야, 이리 나와 봐라."
개미 할아버지가 꾀돌이 개미를 불렀습니다.
"넌 어떻게 그렇게 문제를 잘 푸니?"

개미 할아버지가 물었습니다.

"아주 간단해요. 전 문제 푸는 방법을 알거든요."

꾀돌이 개미가 사탕을 입에 물고 대답했습니다.

"문제 푸는 방법이라니?"

"저는 덧셈식하고 뺄셈식을 만들 줄 알아요."

"어디 한번 보여 줄래?"

"먼저 12마리가 들어가서 15마리가 나온 문제는 이렇게 적으면 돼요."

꾀돌이 개미는 다른 개미들이 잘 볼 수 있도록 아주 커다란 바위에다가 숫자를 썼습니다.

$$12 + \square = 15$$

"12가 15로 되려면 네모 칸에 어떤 숫자가 들어가야 하는지 알 수 있겠죠? 바로 3이에요."

꾀돌이 개미가 말했습니다.

"오호라! 네모를 이용해 식을 만드니까 아주 쉽구나."

"그리고 12마리가 들어가서 9마리밖에 안 나온 문제는 이렇게 적어요."

$$12 - \square = 9$$

"그럼 마술 구멍 속에 3마리가 남아 있다는 걸 금방 알 수 있지요."

꾀돌이 개미가 자랑스럽게 말했습니다.

"그렇구나. 들어간 개미보다 나온 개미가 많을 때는 더하기 (+)를 하고, 들어간 개미보다 나온 개미가 적을 때는 빼기

(−)를 하면 되는구나."

개미 할아버지가 말했습니다.

"맞아요! 더하기를 하면 덧셈식이 되고, 빼기를 하면 뺄셈식이 돼요."

"그래. 이 방법대로 하면 어떤 문제든 답을 척척 맞힐 수 있겠다."

어린 개미들도 꾀돌이 개미가 말한 대로 문제 푸는 방법을 배웠습니다.

이번에는 마술 구멍 속에 개미 20마리가 들어가서 2마리밖에 나오지 않았습니다. 그러자 어린 개미들이 모두 소리 높여 외쳤습니다.

"마술 구멍 속에는 18마리가 남아 있어요!"

"와아! 우리 개미 나라의 어린 개미들이 이제 수학을 정말 잘하는구나!"

개미 할아버지가 사탕을 통째로 던졌습니다. 어린 개미들이 와와와 소리치면서 사탕을 나눠 가졌습니다.

식은 왜 만들까?

꾀돌이 개미처럼 식을 만들어서 계산하면 어려운 문제도 쉽게 풀 수가 있어요.
예를 들어 냉장고에 **사과 3개**, **배 2개**, **귤 5개**가 있다고 해 보세요.
식을 만들지 않고 모두 몇 개인지 알아보려면 일일이 세어 보아야 하잖아요. 하지만 식을 사용하면,

$$3 + 2 + 5 = 10$$

이렇게 쉽게 답이 나오지요.
덧셈식은 이렇게 일일이 세어 보지 않아도 답을 알 수 있게 만들어진 것이랍니다.

식에서 □는 어떻게 사용할까?

암탉이 어제 알을 **5개** 낳았어요.
그런데 오늘은 알이 모두 **12개**예요.
그럼, 오늘은 알을 몇 개 낳은 걸까요?
이럴 때 □를 사용해서 덧셈식을
만들면 쉽게 답을 구할 수 있어요.

어제 낳은 알 + ? = 12
오늘 낳은 알

$$5 + \square = 12$$

이렇게 □를 사용해서 식을 만들면 오늘 낳은 알이 **7개**라는 것을 쉽게 알 수 있어요.

□를 이용한 계산은 어떻게 생겨났을까?

6 + □ = 13 처럼 빈 네모 칸을 채우는 방법은 언제, 누가 생각해 냈을까요?

네모 칸 채우기는 아주 옛날에 장사꾼들이 생각해 낸 것이라고 해요. 옛날에는 물건을 팔 때 돈을 바로 받지 않고 나중에 받았대요. 그 대신 받아야 할 돈이 얼마인지 공책에 써 놓았지요.

그런데 어쩌다가 공책이 찢어지거나 쥐가 파먹기라도 하면 글씨를 알아볼 수 없었어요.

그럴 때 □를 이용한 식을 만들어 지워진 숫자를 찾아내었다는군요. 이것은 빈칸을 채우는 '퍼즐'의 기초가 되기도 했답니다.

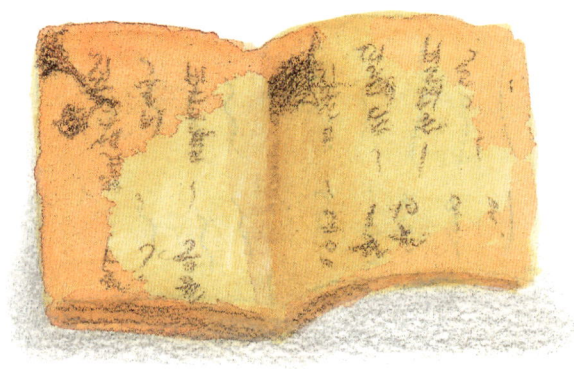

수학퀴즈

거북이 알을 찾아서 길을 떠났어요.
그런데 네모 칸에 있는 귤을 전부 다 가지고 가야만 알을 찾을 수 있다고 해요. ①번과 ②번 중 어디에서 출발해야 네모 칸의 귤을 다 가질 수 있을까요?
연필을 한 번도 안 떼고 모든 칸을 지나 알까지 그려야 해요.

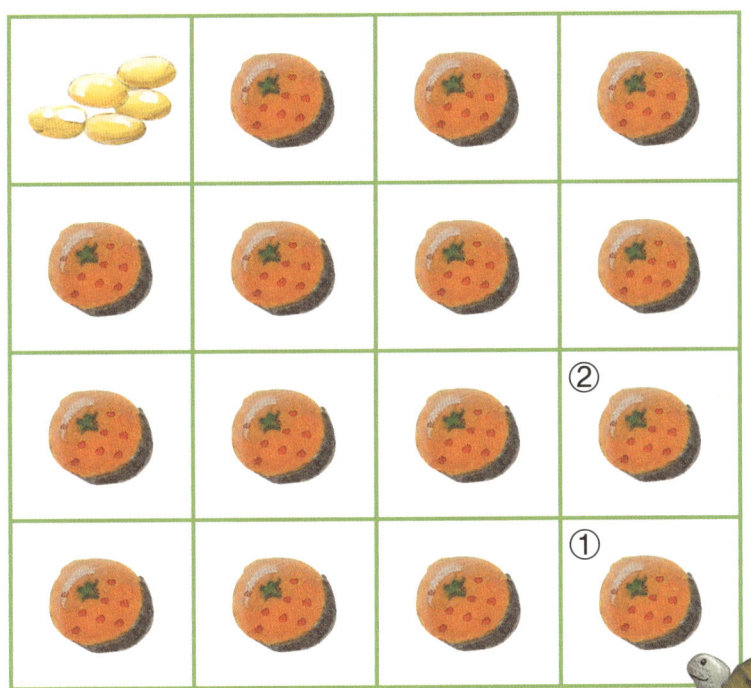

정답은 158쪽에 있어요

무게 재기

곰과 원숭이의 시소 타기

"아이 심심해!"

오늘도 아기 곰 반달이는 혼자서 숲 속을 돌아다녔습니다. 반달이는 이렇게 매일 같이 놀 친구를 찾아다녔습니다.

"재미있게 같이 놀 친구가 필요해!"

반달이가 혼자 중얼거리고 있는데 갑자기 어디선가 까르르 웃는 소리가 들려왔습니다.

"응? 이게 무슨 소리지?"

반달이는 소리가 난 쪽으로 냉큼 달려갔습니다.

숲 속 잔디밭에서 원숭이 두 마리가 재미있게 시소를 타고 있었습니다.

기다란 널빤지 양쪽에 한 마리씩 앉아서 올라갔다 내려갔다, 올라갔다 내려갔다…….

"와, 너무 재밌겠다! 얘들아, 나도 같이 하자!"

반달이는 원숭이 친구들한테 달려갔습니다.

"넌 너무 커서 안 돼!"

원숭이 한 마리가 말했습니다.

"맞아. 너무 무거워서 네 쪽으로만 기울 거야."

다른 한 마리도 맞장구쳤습니다.

"아니야. 내가 한쪽에 앉고 너희 둘이 반대쪽에 앉으면 돼."

반달이는 이렇게 말하고 나서 무조건 한쪽에 앉아 버렸습니다. 원숭이들은 하는 수 없이 반대쪽 널빤지 끝에 같이 앉았습니다.

어떻게 됐을까요?

반달이가 너무 무거워서 원숭이 두 마리는 공중에 붕 뜨고 말았습니다. 아무리 힘을 줘도 시소는 꼼짝하지 않았습니다.

"반달아! 아무래도 안 되겠어. 무게가 안 맞아서 같이 시소를 탈 수가 없어."
"그래 맞아. 반달이 넌 너무 무거워. 도대체 넌 몸무게가 몇 킬로그램이나 되니?"
원숭이들이 물었습니다.
"몇 킬로그램이라니? 그게 무슨 말이야?"
반달이가 되물었습니다.
"바보! 자기 몸무게도 몰라?"
원숭이들이 깔깔거리며 반달이를 놀렸습니다.

"놀리지 마."

반달이는 부끄러워 얼굴이 발개졌습니다.

"반달아, 여기 한번 올라가 봐."

원숭이 한 마리가 체중계를 들고 왔습니다.

"이게 뭐니? 납작한 게 참 이상하게 생겼다."

"이건 체중계란 거야. 사람 사는 마을에서 얻어 왔어. 몸무게를 재는 저울이야."

"여기 올라서면 몸무게를 알 수 있어."

반달이는 신기하다는 듯이 체중계 위로 올라갔습니다. 체중계의 바늘이 빙그르르 돌아갔습니다.

"가만있어 봐. 10, 20, 30, 40, 50……. 와! 100이다, 100!"

원숭이가 소리쳤습니다.

"반달이 넌 몸무게가 100킬로그램이야!"

반달이는 뭐가 뭔지 잘 모르면서도 괜히 기분이 좋아졌습니다.

"그럼 넌 몇 킬로그램이니?"

반달이가 원숭이 한 마리한테 물었습니다. 원숭이는 대답

도 하지 않고 체중계에 폴짝 올라섰습니다. 바늘이 살짝 돌더니 30을 가리켰습니다.

"난 30킬로그램이야."

그러자 또 다른 한 마리가 폴짝 올라섰습니다. 이번에는 바늘이 20을 가리켰습니다.

"난 20킬로그램이야."

"그럼 너희 둘을 합치면 50킬로그램이겠네?"

반달이가 말했습니다.

"와! 너 수학 참 잘한다!"

원숭이들이 손뼉을 쳤습니다. 반달이는 칭찬에 기분이 점점 더 좋아졌습니다.

"그런데 너희 둘이 합쳐도 내 몸무게 반밖에 안 되는구나. 그럼 시소를 못 타겠네."

반달이가 갑자기 시무룩해졌습니다.

"너희 뭐 하니? 꿀꿀꿀."

바로 그때 새끼 돼지 꿀꿀이가 다가와 코를 벌름거리며 물었습니다.

"꿀꿀아, 너 여기 한번 올라가 봐."

반달이와 두 원숭이는 다짜고짜 꿀꿀이를 체중계에 올라가게 했습니다.

"자, 볼까? 10, 20……, 50! 야호, 50킬로그램이다!"

반달이와 두 원숭이가 만세를 불렀습니다.

"내가 50킬로그램인 게 그렇게 좋아? 꿀꿀꿀."

"꿀꿀아, 우리 시소 타자! 반달이가 100킬로그램인데 우리 둘을 합한 무게가 50킬로그램밖에 안 되어서 시소를 못 타

고 있었거든."

이렇게 해서 두 원숭이와 꿀꿀이가 널빤지 한쪽에 앉고, 나머지 한쪽에는 반달이 혼자 앉았습니다. 반달이가 100킬로그램이고, 원숭이 두 마리가 50킬로그램, 그리고 꿀꿀이가 50킬로그램이기 때문에 양쪽의 무게가 같아서 시소는 균형을 이루었습니다.

"우아, 성공이야!"

반달이가 몹시 기뻐했습니다.

"그래, 지금처럼 널빤지 중심에서 똑같이 떨어진 위치에 앉으면 양쪽의 무게가 같을 때 시소는 균형을 이뤄. 다음부터 시소를 탈 때는 오늘처럼 몸무게를 먼저 재 본 다음에 타면 되겠다."

"그래, 맞아! 꿀꿀꿀."

원숭이와 꿀꿀이가 서로 이야기를 주고받았습니다.

"난 너희하고만 시소 탈래. 너희 몸무게를 모두 합치면 내 몸무게하고 같으니까."

반달이는 이제 심심하지 않았습니다.

동화 속 수학

무게는 왜 재는 걸까?

세상에 있는 모든 물건은 무게가 있어요. 어떤 물건은 가볍고 또 어떤 물건은 무겁죠. 예를 들어 종이는 돌멩이보다 가벼워요. 크기가 같은 것들이라도 무게는 모두 달라요. 같은 크기의 경우 돌멩이는 쇳덩어리보다 더 가볍고, 종이는 풍선보다 더 무겁답니다.

이렇게 모든 물건은 비교하는 기준에 따라 더 가벼운 것이 되기도 하고, 더 무거운 것이 되기도 해요.

그런데 무게가 아주 비슷한 경우도 있죠?
같은 돌멩이끼리나 같은 쇳덩어리끼리는 무게가 비슷하겠지요.
이럴 때는 재 보지 않으면 어떤 것이 얼마나 가볍고 또 얼마나 무거운지 정확히 알 수가 없어요. 그래서 사람들은 물건의 무게를 재기 위해서 저울이나 체중계 같은 것들을 만들었어요.
같은 반 친구들끼리도 몸무게는 조금씩 달라요.
키와 덩치가 비슷한 친구라도 체중계에 올라가 보면 몸무게가 얼마나 차이 나는지 정확하게 알 수 있어요.
무게를 잴 수 있게 되면서 사람들은 아주 편리해졌어요.
쌀가게에서 쌀을 살 때,
"쌀알 **100개** 주세요."
이렇게 말하는 사람은 하나도 없답니다.
"쌀 **20킬로그램** 주세요."
이렇게 말하지요. 아주 작은 쌀알을 일일이 셀 수 없으니까 무게로 쌀을 재어 사는 것이지요. 그래서 사람들은 일정한 무게에 따라 값을 치른답니다.

플러스 상식

무게를 나타내는 단위

무게를 나타낼 때 흔히 쓰는 단위는 그램(g)이나 킬로그램(kg)이에요. 세계 어디에서나 공통적으로 쓰는 단위이지요.
하지만 우리나라에서만 쓰는 단위도 있어요.
바로 '돈'과 '근'이에요.
'돈'은 귀금속이나 한약재 등의 무게를 잴 때 쓰는 단위예요.
'금반지 한 돈', '감초 두 돈' 이렇게 '돈'이라는 단위를 붙여 쓰지요.
한 돈은 3.75그램이에요.
또 쇠고기를 살 때는 '근'이라는 단위를 써요.
'쇠고기 세 근 주세요.', '쇠고기 네 근 주세요.' 이렇게 말하지요.
여기서 **한 근은 600그램**이에요.
과일이나 채소의 무게를 잴 때도 '근'을 쓰는데,
이때의 근은 고기의 무게를 잴 때와는
기준이 달라요. **한 근이 375그램**이에요.

수학퀴즈

돼지 다섯 마리가 시소를 타려고 해요. 그런데 돼지들의 몸무게가 다 다르네요. ㉮쪽 의자에는 세 마리가 앉을 수 있고 ㉯쪽 의자에는 두 마리가 앉을 수 있어요. 어떻게 앉아야 시소가 한쪽으로 기울지 않고 수평을 이룰 수 있을까요? 시소 양쪽에 돼지들이 앉는 위치는 같아요.

정답은 159쪽에 있어요

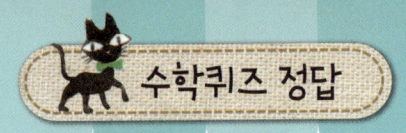

17쪽 정답: ②번과 ⑤번 공

②번과 ⑤번 공을 서로 바꾸면 축구공과 농구공이 번갈아 놓이는 규칙이 만들어져요.

27쪽 정답:

주황색 네모 안에 초록색 네모를 넣으면 아홉 마리를 모두 떨어뜨려 놓을 수 있어요.

37쪽 정답 : ②

① 사과는 6개, ② 포도는 7개,
③ 복숭아는 4개, ④ 바나나는 8개예요.
사과와 복숭아, 바나나는 모두 짝수라서
둘이 반으로 똑같이 나누어 먹을 수 있어요.
하지만 포도는 홀수니까 둘이 똑같이
나눌 수 없어요.

49쪽 정답 : 달순이

가는 길이 더 짧은 건 달순이에요. 둘 중 조금만 기어간 달순이가 먹이를
더 빨리 찾겠지요.

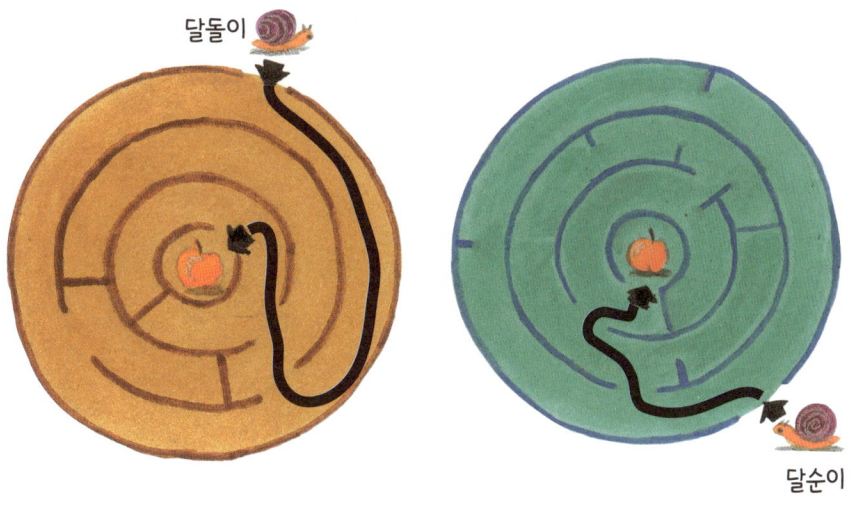

59쪽 정답 : ③

참새, 물고기, 거북은 알을 낳는 동물이고, 곰, 호랑이, 사자, 고래는 새끼를 낳는 동물이에요.

69쪽 정답 : ㉠ 4, ㉡ 1, ㉢ 2

9를 가르기 했더니 2, 3, ㉠이 생겼어요. 2와 3을 더하면 5가 되니까 부족한 수는 4가 되지요. ㉡, ㉢은 각각 2와 4를 가르기 한 수를 넣어 주면 돼요.

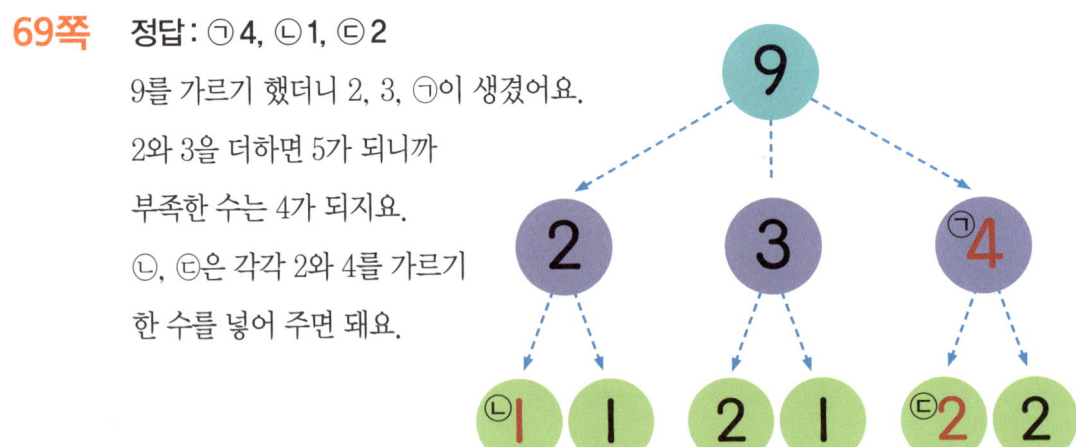

79쪽 정답 : ①4칸, ②2칸, ③2칸, ④2칸

① 야옹이는 모두 4칸을 올라갔어요.
② 멍멍이는 모두 2칸을 올라갔어요.
③ 야옹이는 멍멍이보다 2칸 더 많이 올라갔어요.
④ 멍멍이가 야옹이만큼 올라가려면 2칸 더 가야 해요.

91쪽 정답 :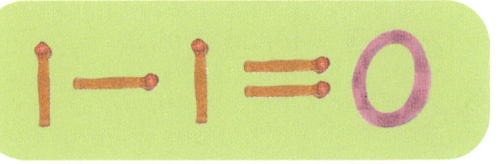

똑같은 수를 빼면 '0'이 나오겠지요? 첫 번째 성냥개비로 '1'을 만들고, 두 번째 성냥개비로 '-'를 만들고, 세 번째 성냥개비로 다시 '1'을 만든 뒤, 네 번째와 다섯 번째 성냥개비로 '='를 만들면 '1-1=0'이라는 뺄셈식이 만들어져요.

103쪽 정답 : 할머니 66살, 할아버지 68살,
아버지 39살, 엄마 37살, 삼촌 36살, 고모 33살

할머니의 나이를 아니까 할머니 나이를 기준으로
더하거나 빼면 다른 식구들의 나이를 알 수 있어요.

할머니의 연세는 66살이에요.
할아버지는 할머니보다 두 살 많으시니까 68살이지요.

62 + 2 = 68

아버지는 할아버지보다 29살 적으니까 39살이에요.

68 - 29 = 39

엄마는 아버지보다 두 살 적으니까 37살이에요.

39 - 2 = 37

삼촌은 엄마보다 한 살 적으니까 36살이지요.

37 - 1 = 36

고모는 삼촌보다 세 살 적으니까 33살이에요.

36 - 3 = 33

115쪽   정답 : ③

화살표를 따라 그려 보세요.
연필을 한 번도 떼지 않고,
같은 선을 두 번 지나지 않고
한 번에 그릴 수 있어요.

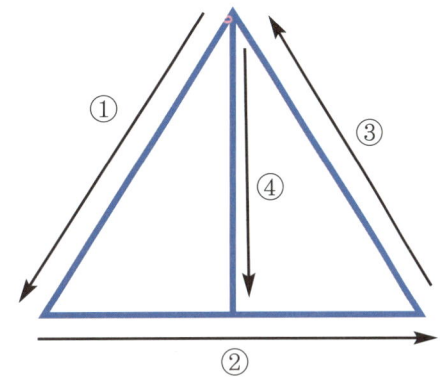

127쪽   정답 : ㉮ 10, ㉯ 7, ㉰ 18

하나의 동그라미 안의 수를 모두 더하면 50이 된다고
했기 때문에 수를 더한 뒤 50에서 얼마나 모자란지
계산해 보면 답이 나와요.
빨간 동그라미의 세 수를 더하면 40이에요.
15+12+13=40
50이 되려면 10이 모자라기 때문에 ㉮는 10이에요.
노란 동그라미의 세 수를 더하면 43이에요.
10+21+12=43
50이 되려면 7이 더 있어야 하니, ㉯는 7이에요.
파란 동그라미 안의 세 수를 더하면 32예요.
12+7+13=32
50이 되려면 18이 더 있어야 하니, ㉰는 18이에요.

139쪽 정답 : ②

②번에서 출발해야 모든 귤을 다 가지고 갈 수 있어요.

아래 방법 말고도 여러 가지 방법으로 알에 도착할 수 있어요.

하지만 ①번에서 출발하면 한 번에 알에 도착할 수 없어요.

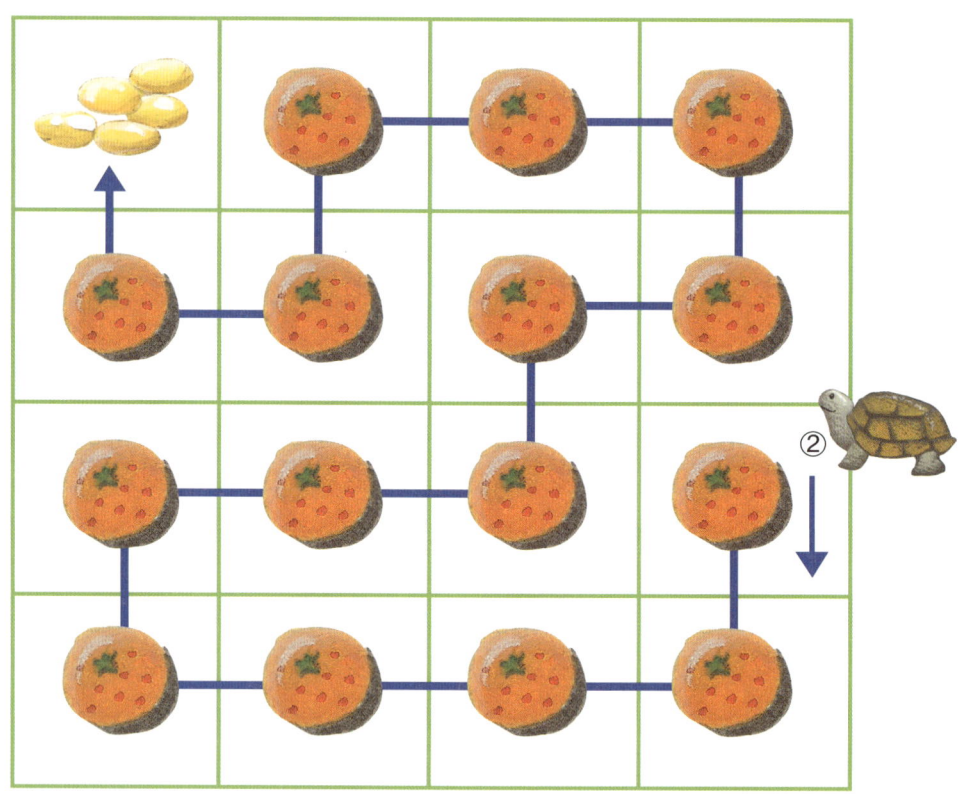

151쪽 정답 : ㉮의자 – 30킬로그램, 10킬로그램, 5킬로그램 돼지
㉯의자 – 25킬로그램, 20킬로그램 돼지

양쪽의 무게가 같아야 시소가 한쪽으로 기울지 않고 수평을 이룰 수 있어요. 그런데 ㉮쪽 의자에는 세 마리가 앉을 수 있고, ㉯쪽 의자에는 두 마리가 앉을 수 있어요. 결국 돼지 세 마리의 합과 두 마리의 합이 같아야 한다는 뜻이지요.

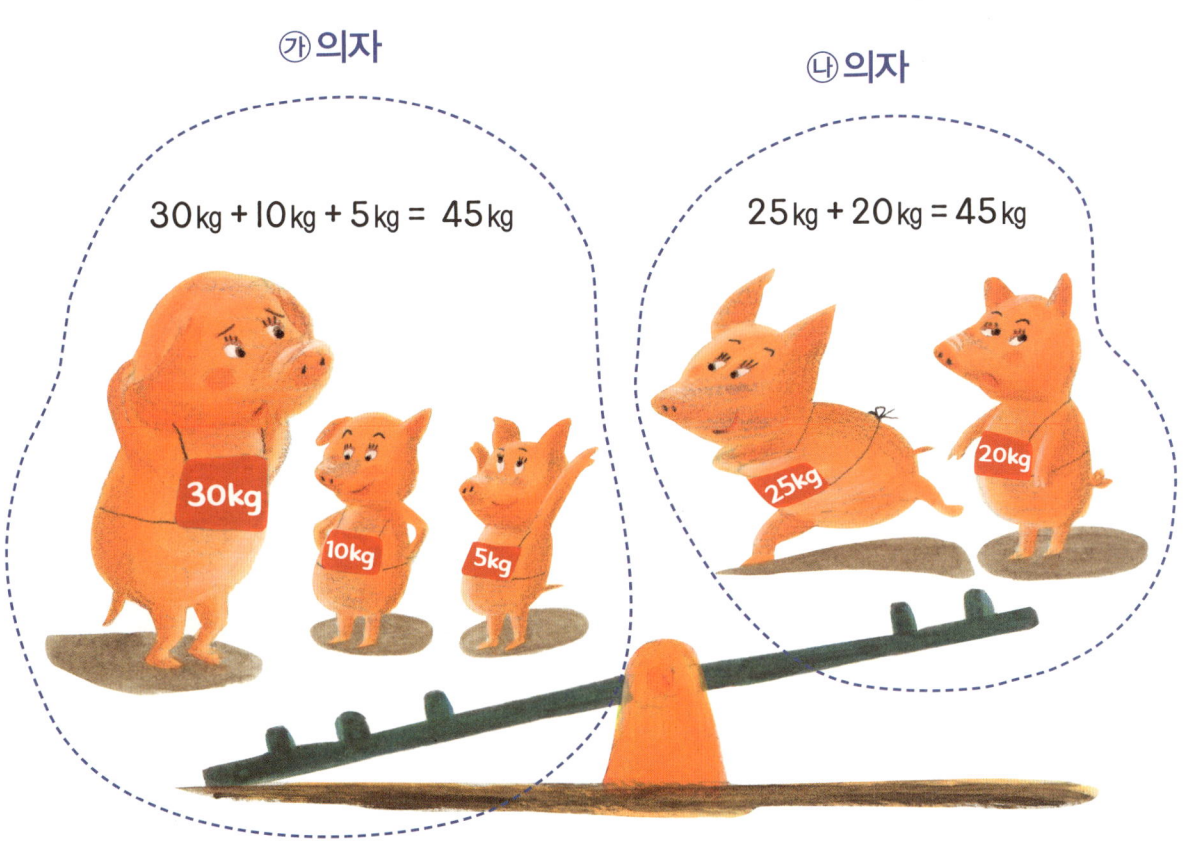

㉮의자   ㉯의자

30 kg + 10 kg + 5 kg = 45 kg   25 kg + 20 kg = 45 kg

1학년 스토리텔링
수학동화

2012년 8월20일 2판1쇄 발행 | 2022년 7월10일 2판13쇄 발행

글 | 우리기획   그림 | 송수정
펴낸이 | 나춘호   펴낸곳 | (주)예림당   등록 | 제2013-000041호
주소 | 서울시 성동구 아차산로 153 예림출판문화센터   http://www.yearim.kr
구매 문의 전화 | 561-9007   팩스 | 562-9007   책 내용 문의 전화 | 3404-9251

책임 개발 | 전윤경 / 서인하   디자인 | 이정애 / 손희재
저작권 영업 | 문하영   제작 | 신상덕 / 박경식
마케팅 | 임상호 전훈승

ⓒ 2012 예림당
ISBN 978-89-302-0294-7 74410
ISBN 978-89-302-0297-8 74410(세트)

* 이 책은 저작권법에 따라 보호받는 저작물이므로 무단 전재와 무단 복제를 금합니다.
  이 책의 표지 이미지나 내용 일부를 사용하려면 반드시 (주)예림당의 서면 동의를 받아야 합니다.

어린이제품 안전특별법에 의한 제품 표시사항

제품명 | 도서   제조자명 | (주)예림당   제조국명 | 대한민국   전화번호 | 02)566-1004
주소 | 서울시 성동구 아차산로 153   제조년월 | 발행일 참조   사용연령 | 8세 이상

주의! 책의 모서리가 날카로우니, 던지거나 떨어뜨려 다치지 않도록 주의하세요.